徹底分析！

不動産投資・賃貸経営の成功戦略

ベストプラン株式会社
代表取締役
豊田剛士

合同フォレスト

はじめに

本書を手に取っていただきありがとうございます。

本書では、**不動産投資、賃貸経営を体系的に行うために必要な知識**をお伝えします。ワンルームあるいは1棟、都心あるいは地方、リノベで収入アップという方法論ではありません。このような話は野球でいうと、バットの振り方やボールの握り方の話です。

私がお伝えしたいのは、球団オーナーや監督として自分のチームや相手のチームをしっかりと分析し、1年間のペナントレースに勝つために目の前の1試合にどう挑むのかということや、その試合のスコアの見方、分析の仕方です。

不動産投資は取り扱う額が大きいので、やり方を間違えると1発KOで財産を失ってしまうこともあります。また、木を見て森を見ず状態になってしまい、断片的には良いと思われることがトータルで考えると良くないこともあります。しっかりと数字で分析し、リスクのパターンを知ることで、不動産の特性を活かした投資を実現し、確かな資産形成に結び付けることができます。

私は、ベストプラン株式会社という会社を経営し、不動産のコンサルティングを強みに、ファイナンシャルプランニング、保険の設計など、資産全体のコンサルティングを個人や法人向けに行っています。また、資産形成のコンサルタントを養成するプロ向けの講座を主催しています。

他に、一般社団法人神奈川県相続相談協会の代表を務めており、相続対策を通じて相続税支払い後の資産をいかに残すかというコンサルティングなどを行っています。そちらで培ったノウハウをもとに、一般社団法人全国相続コンサルティングネットワークという法人ではボランタリーチェーンを展開しています。

外部団体では、一般社団法人CCIM JAPAN（米国認定不動産投資顧問協会 日本支部）の2019年度の会長、一般社団法人IREM

JAPAN（全米不動産管理協会 日本支部）の理事を務めています。

私の仕事は不動産売買を目的にするのではなく、顧客が資産形成を行うための分析やシミュレーションを行い、顧客にとって最善の方法を選択できるようお手伝いをすることです。

例えば、顧客の資産を分析し「今どのような状況で、何に課題があり、資産を殖やすにはどうすれば良いのか」という対策を立案、実行し、所有している不動産の保有あるいは売却、保有の場合には現状あるいは改善などの中間分析を行います。購入する場合には第三者の立場で、購入した場合のシミュレーションや初期分析を行い、不動産売買という実務が伴う場合には実行までお手伝いするという業務です。購入前のシミュレーションだけでなく、既に持っている不動産を購入してからの過程や結果も分析して、課題や改善案を探しています。

常日頃分析していると、不動産投資や賃貸経営で失敗する方の多くが適切な投資判断やシミュレーションができていなかったり、目先の収益や断片的な情報だけを見て失敗に気づいていないということとが分かります。分析をして、シミュレーションをすることは、未来を予言することではありません。さまざまな想定をシミュレーションして、リスクに対するリターンが妥当なのかという判断をする材料を作ることです。

人生100年時代、自分の資産は自分で形成しなければいけません。そのために必要な投資分析や賃貸経営についての知識を得てください。そして負けない不動産投資、賃貸経営を実践し、資産を築いてください。

本書が手にとっていただいた方の資産形成の一助になれば幸いです。

なお本書では不動産についてお話ししますが、他の資産でも応用が効く考え方も多分にありますので、頭を柔らかくして読み進めてみてください。

徹底分析！　不動産投資・賃貸経営の成功戦略

◉もくじ◉

はじめに　3

第1章——資産形成の基礎

1　資産の単位　14
2　押さえておきたい財務諸表　15
3　損益計算書（P／L）　17
4　個人の所得税　20
5　貸借対照表（B／S）　24
6　キャッシュフロー　28
7　損益計算書（P／L）とキャッシュフローの関係　35
8　時価と簿価の貸借対照表（B／S）　38
9　形成すべき資産とは　44

第2章——不動産投資の概要

1　投資の基本　48

2 利益率と利回り 51
3 利益率 55
4 健全性の指標 60
5 複利 67
6 利回り 71
7 複利のレバレッジ 74
8 損益計算とキャッシュフローの黒字の違い 82
9 本章のまとめ 87

第3章——入口（購入・建築）

1 不動産の価値 92
2 不動産投資の類型 94
3 不動産投資のタイミング 96
4 不動産投資のリスク 99
5 検討物件の調査 101
1 不動産の状況調査 102

2 環境調査 107
3 法的調査 109
4 経済的調査 111
6 融資 122
7 投資判断 124

第4章——保有期間

1 保有期間の概要 128
2 保有期間の3つの業務 129
1 テナント賃貸管理業務 131
2 運営業務 133
3 建物管理業務 133
3 修繕計画 136

第5章――出口（売却）
1 出口のタイミング 144
2 出口を見据えた修繕計画 152
3 アービトラージ 153
4 不動産を高く売却するには 155
第6章――ポートフォリオ
1 ポートフォリオ 162
2 資産全体の収益率 163
3 不動産購入時にいくらの自己資金を入れるか 170
4 リスク分散 176
あとがき 179
巻末資料篇 183

第1章

資産形成の基礎

1 資産の単位

不動産投資、賃貸経営は、資産形成のための投資であったり、事業として行うものだと思います。業として行う場合でも、売上を上げるというのは、資産を形成するためのプロセスです。ここで質問です。

①資産形成の〝資産〟とは何ですか?
②資産の〝単位〟は何ですか?

この問いに答えられる方は、不動産投資を既に始めている方、不動産を販売したり仲介している方でも少ないのではないでしょうか。

不動産投資、賃貸経営をすること自体は目的ではなく、資産を形成するという目標のための手段です。その資産の定義がしっかりとできていないケースが多いのです。例えばマラソンの場合、目標であるゴール地点だけでなくゴールまでの距離、ルート、ペース配分、自分の実力などが分からないのに、いきなりプロのレースに出るようなものです。マラソンのゴール＝資産の定義(目標)をしっかりと確認し、資産を殖やすにはどうすれば良いのか、その手段として不動産はなぜ有効なのかということを理解しましょう。

そのためには、財務諸表を知る必要があります。財務諸表と聞くと難しく感じる方がいるかもしれません。ここで紹介する内容は税理士や会計士、経理担当者になるためではなく、あくまで経営者や投資家として必要な財務諸表の読み方、考え方です。専門家になる必要はありませんが、ルールを知らずにプロの世界に飛び込むようなことにならないよう基本を押さえていきましょう。

2 押さえておきたい財務諸表

資産形成を体系的に考えるために必要な財務諸表は、損益計算書（P／L）、貸借対照表（B／S）、キャッシュフローです。個人も法人も基本的に考え方は一緒ですが、分析をするのに法人の指標のほうが応用が利くので、主に個人ではなく法人の考え方で解説していきます（キャッシュフローに関しては法人のキャッシュフロー計算書ではなく、不動産投資に必要なキャッシュフローの考え方です）。所得税に関しては、個人についても記載していますので、あわせてご確認ください。

損益計算書（P／L）、貸借対照表（B／S）、キャッシュフローが分かることでできる分析があります。また、資産をポートフォリオで考えたり、複数の不動産や多種類の投資を

図1－1

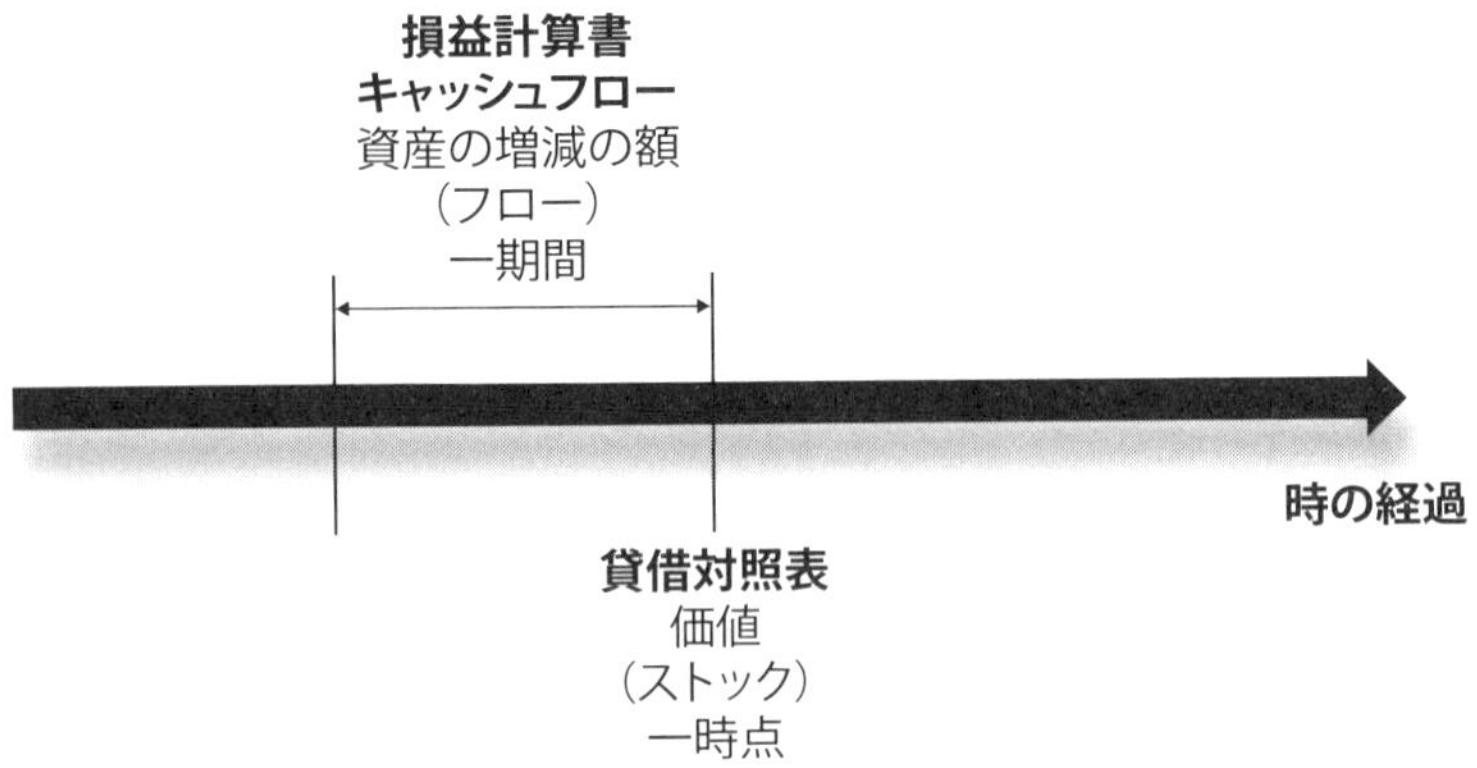

考える時には、資産全体が見えている必要があります。損益計算書（P／L）、貸借対照表（B／S）、キャッシュフローを押さえて、資産を見える化し、分析できるようになりましょう。

時の経過に対して、損益計算書（P／L）、キャッシュフロー、貸借対照表（B／S）が何を表しているのかのイメージが図1－1になります。損益計算書（P／L）、キャッシュフローは、一期間の指標で、収入から支出を引いて資産にプラスされるのかマイナスされるのかというお金の流れです。貸借対照表（B／S）は一時点の指標で、資産の額がいくらあるのかを表しています。その瞬間に財布にいくらあるのかを見るようなものです。

不動産投資を行っていてよく「キャッシュフローを得ることが不動産投資を行う目的」という方がいますが、このように図で見ていただくと、キャッシュフローはあくまで資産の一時点から一時点までの間の殖える（または減る）プロセスであることが分かります。キャッシュフローは目的ではなく、目的達成のためのプロセスであるということを理解しないと、木を見て森を見ずという状況になる場合もあるので注意しましょう。

では、次項からこの損益計算書（P／L）、貸借対照表（B／S）、キャッシュフローを具体的に見ていきましょう。

3 損益計算書（P／L）

損益計算書（P／L：profit and loss statement）は、一期間の収入から費用を引いて、利益（または損失）を算出し、所得税を計算するものです。法人の場合は決算書とよばれる財務諸表の中の一つで、個人の場合は確定申告がそれにあたります。

所得税の計算方法は後の項でご紹介しますが、ここでは経営者として、投資家として、知るべき分析を分かりやすくするために損益計算書（P／L）をご紹介します。損益計算書（P／L）と確定申告は計算過程の項目は違いますが、根本的な考え方は同じと考えてください。

巻末1の図をご覧ください。損益計算書（P／L）の流れを記載しています。これを不動産業に当てはめると次のようになります（一つひとつの意味に関しては巻末2をご覧ください）。

＊大切な図や表を巻末に掲載しました。読んでいる途中や、覚えるまでなど、チェックしたい時や後から見直したい時に活用してください。

不動産業の場合、家賃収入を得ることに対して、その都度商品を仕入れたり、製品を製造したりしている訳ではないので売上原価はありません。そのため、家賃収入＝売上であり、売上総利益です。「不動産を購入したり、建物を建築して、家賃収入を得るのだから不動産の購入が仕入では」と思う方もいるかもしれませんが、不動産は貸借対照表（B／S）（後ほど説明）に計上しますので原価にはあたりません。

次に、販売費及び一般管理費です。不動産の賃貸経営の場合、不動産会社に支払う管理料、固定資産税、火災保険、現状回復に伴う修繕費、減価償却、水道光熱費、広告宣伝費、など運営するうえでのランニングコストが該当します。

営業外収益は、敷金や保証金などの預り金を金融機関に預けて得る受取利息などです。営業外費用は、不動産を購入したり、建物を建築した際の借入の利息などがあたります。

特別利益と特別損失ですが、特別利益が出るケースはあまりなく、特別損失は保有している不動産が、買った金額から減価償却の累計した額を引いた額から大きく価値が下がっ

図１－２

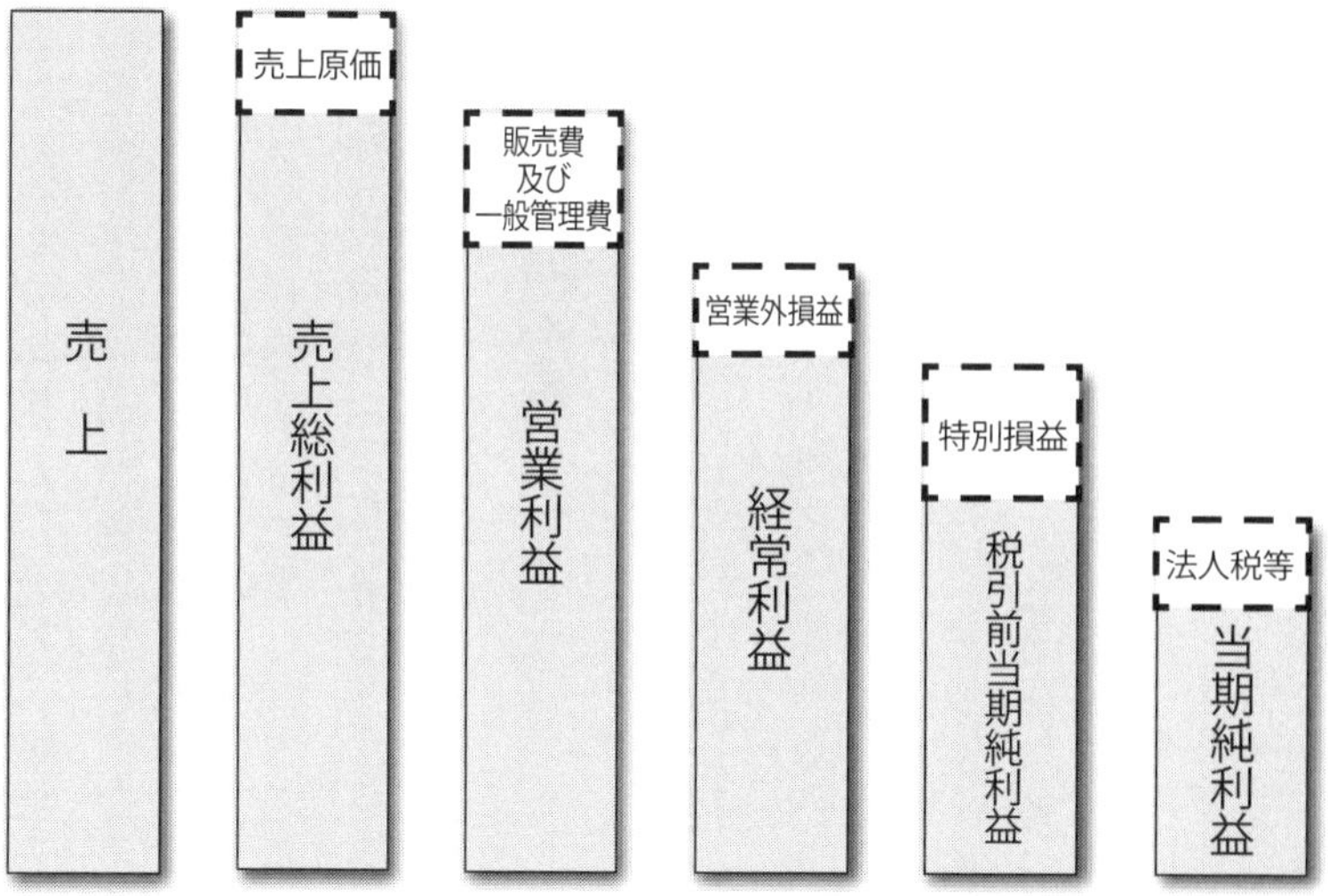

た場合に特別損失として計上する場合があります。

損益計算書（Ｐ／Ｌ）は一定期間の収入から費用を引いて利益を出すものですが、作る目的としては法人税（個人の確定申告の場合は所得税）を算出することが目的と考えると良いでしょう。

巻末1の図を見ても頭に直感的に入りにくいという方が多いと思います。私自身もそうでした。巻末1のように文字で捉えるのではなく、図1－2のようにビジュアルで捉えていただくと直感的に捉えやすくなります。

一番左の箱が売上の数字を形にしたものだと思ってください。一番大きな売上の箱の中から、売上原価の箱を引くと、売上総利益の箱になり、売上総利益の箱から販売費及び一般管理費の箱を引くと営業利益の箱になるというイメージです。点線の箱に書いてある項目が現実にお金の出入りのあるもので、当期純利益までの売上以外の実線の箱は、実際に発生したお金の差し引きをした計算結果です。

このように視覚的に捉えると「どこの結果を改善したいので、その場合に改善できる箱はこれとこれしかない」というような具体的な項目が見えてきます。

4 個人の所得税

本書では、分析に関しては、損益計算書（P／L）の考え方を中心に説明していきますが、個人の所得税の仕組みも知っておく必要があるので、ここで説明します。

図1－3は、個人の所得税を計算するフローチャートです。個人の所得税は、

①各種所得の金額の計算
②課税標準の計算
③課税所得金額の計算
④納付税額の計算

の4つの段階を経て計算されます。具体的には次のとおりです。

図１－３

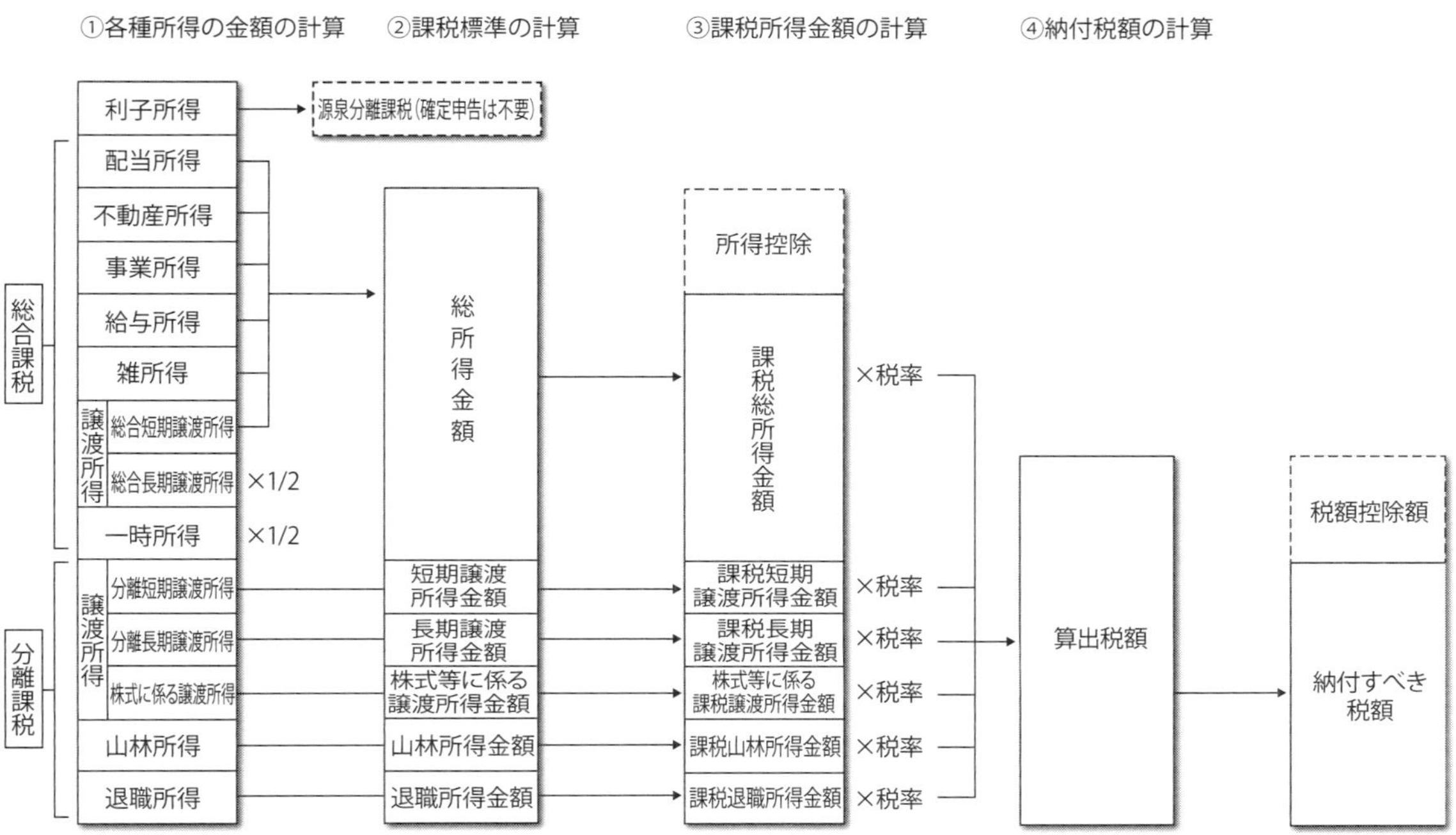
①各種所得の金額の計算
②課税標準の計算
③課税所得金額の計算
④納付税額の計算
総合課税
分離課税
利子所得
源泉分離課税（確定申告は不要）
配当所得
不動産所得
事業所得
給与所得
雑所得
譲渡所得
総合短期譲渡所得
総合長期譲渡所得
×1/2
一時所得
×1/2
分離短期譲渡所得
分離長期譲渡所得
株式に係る譲渡所得
山林所得
退職所得
総所得金額
短期譲渡所得金額
長期譲渡所得金額
株式等に係る譲渡所得金額
山林所得金額
退職所得金額
所得控除
課税総所得金額
課税短期譲渡所得金額
課税長期譲渡所得金額
株式等に係る課税譲渡所得金額
課税山林所得金額
課税退職所得金額
×税率
×税率
×税率
×税率
×税率
×税率
算出税額
税額控除額
納付すべき税額

図1－4

■課税総所得金額

課税される所得金額	税率	控除額
195万円以下	5%	0円
195万円超え　330万円以下	10%	97,500円
330万円超え　695万円以下	20%	427,500円
695万円超え　900万円以下	23%	636,000円
900万円超え　1,800万円以下	33%	1,536,000円
1,800万円超え　4,000万円以下	40%	2,796,000円
4,000万円超え	45%	4,796,000円

■課税短期譲渡所得金額　30%

■課税長期譲渡所得金額　15%

■株式等に係る課税譲渡所得金額　15%

■課税山林所得金額　超過累進税率

■課税退職所得金額　超過累進税率

①各種所得の金額の計算段階で、大きく分けて2つの課税の方法——総合課税と分離課税——に分類されます。

②課税標準の計算段階で、総合課税の一定の赤字の所得は黒字の所得と相殺されます。このことを損益通算といいます。総所得金額から所得控除額を引きます。

③課税所得金額の計算段階で税率をかけます。税率に関しては図1－4をご覧ください。税率をかけて出た税金の合計が算出税額というもので、算出税額から税額控除額を引いたものが納付する所得税の額となります。

④算出税額から税額控除を引き、納付税額を出します。

では、「不動産投資の税金はどこに関係するか」について考えてみましょう。所得税は収入に対して課税されます。不動産の収入は、家賃収入などによる所得のインカムゲイン（ロス）と売却（譲渡）による所得のキャピタルゲイン（ロス）の2つです。各種所得の金額の計算の段階で、家賃収入などのインカムゲイン（ロス）は不動産所得、売却（譲渡）による所得のキャピタルゲイン（ロス）は分離短期譲渡所得、もしくは分離長期譲渡所得にそれぞれ分類されます。

家賃収入などのインカムゲイン（ロス）の不動産所得は他の所得などと損益を通算して課税されます。超過累進課税なので、所得が増えれば増えるほど、税率が上がっていきます。不動産を所有するのに資産管理法人を使うメリットの一つは、一定の所得（一つの目安としては900万円）を超えると、個人の所得税率より法人の法人税率のほうが低いからです。

売却（譲渡）による所得のキャピタルゲイン（ロス）は、分離短期譲渡所得と分離長期譲渡所得に分類されますが、不動産を売却した年の1月1日時点で所有期間が5年を超えていれば分離長期譲渡所得、超えていなければ分離短期譲渡所得となります。

図1－4では、短期譲渡所得が税率30％、長期譲渡所得が15％とありますが、これは所

得税の税率です。住民税は、短期譲渡所得は9%、長期譲渡所得は5%なので、合計すると短期譲渡所得が39%、長期譲渡所得が20%となります（平成25年〜令和元年までは、別途各年分の基準所得税額に2・1%の復興所得税がかかります）。そのため、不動産を短期で売却する方も法人のほうが税率が低いため、資産管理法人を使うことで節税になるケースがあります。

5 貸借対照表（B／S）

貸借対照表（B／S：balance sheet）は、一時点におけるプラスの資産からマイナスの負債を差し引き、残った部分を純資産とする表です。簡単にいうと、現金だけでなく、有価証券（株や投資信託など）や生命保険、不動産、収益不動産の融資や住宅ローンなどの財産全体が財布の中に入っていて、そこから支払う予定や返す予定のあるお金を引いて、実際にいくら残っているのかということを表しています。

図1－5が貸借対照表（B／S）の勘定科目です。現金、預金、有価証券、不動産などが資産の項目に、借入などが負債の項目にあります。そして、資産から負債を引いたものが純資産になります。図1－5では細かく、文字情報なので分かりづらいと思います。

そこで、先ほど損益計算書（P／L）を視覚的に捉えたように貸借対照表（B／S）も見

図1－5

			勘定科目名
資産の部	流動資産	当座資産	現金
			預金
			現預金小計
			受取手形
			電子記録債権
			売掛金
			有価証券
			その他の当座資産
		その他の流動資産	棚卸資産
			前渡金
			前払費用
			繰延税金資産
			短期貸付金
			未収入金
			未収還付法人税等
			立替金
			仮払金
			仮払消費税等
			不渡手形
			その他の流動資産
			貸倒引当金
			流動資産合計
	固定資産	有形固定資産	建物
			建物附属設備
			建築物
			機械及び装置
			船舶
			車両運搬具
			工具、器具及び備品
			土地
			リース資産
			建設仮勘定
			その他の有形固定資産
			減価償却累計額
			小計
		無形固定資産	のれん
			借地権
			ソフトウェア
			電話加入権
			小計
		投資その他の資産	投資有価証券
			出資金
			敷金
			長期貸付金
			長期前払費用
			長期繰延税金資産
			差入保証金
			貸倒引当金
			小計
			固定資産合計
	繰延資産		創立費
			加入金
			開業費
			繰延資産合計
			資産の部合計

			勘定科目名
負債・純資産の部	負債の部	流動負債	支払手形
			電子記録債務
			未払金
			未払費用
			未払い法人税等
			未払い消費税等
			繰延税金負債
			前受金
			預り金
			前受収益
			仮受金
			仮受消費税等
			預り源泉税
			割引手形
			割引電子記録債権
			賞与引当金
			その他の流動負債
			流動負債合計
		固定負債	社債
			長期借入金
			役員借入金
			長期未払金
			長期繰延税金負債
			退職給付引当金
			その他の固定負債
			固定負債合計
			負債の部合計
	純資産の部	資本剰余金	資本金
			資本準備金
			資本金及び資本準備金減少差益
		利益剰余金	自己株式処分差益
			利益準備金
			別途積立金
			積立金
			繰延利益剰余金
			自己株式
			株主資本計
		評価・換算差額等	その他の有価証券評価差額金
			繰延ヘッジ損益
			新株予約権
			純資産の部合計
			負債・純資産の部合計

図1－6

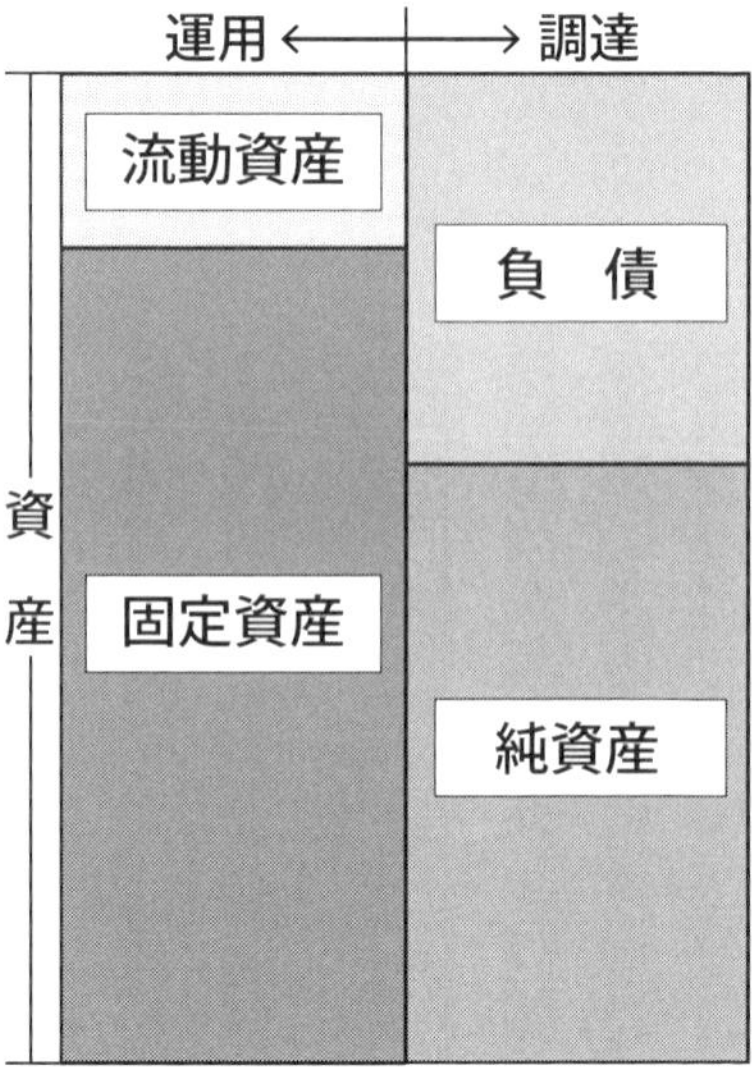

てみましょう。図1－6をご覧ください。プラスの資産を大きく分けて流動資産と固定資産の2つにして負債と純資産の関係を図にしました。プラスの資産とマイナスの負債に純資産を足したものが同じ大きさになります。流動資産とは現金、預金、有価証券などの現金化しやすい財産。固定資産は、現金化しにくい不動産などが当てはまります。

　貸借対照表（B／S）もこのようにビジュアルで捉えるとイメージがしやすいです。資産を持つというと不動産という実物を想像する方が多いですが、財産全部を数字で考えた時には、純資産がいくらあるのかという数字が重要であって、純資産の構成要素には不動産という項目はありません。そのような観点で考えてみると「不動産を買うことを資産を買う」という表現をする方がいますが、資産の中の流動資産の現金という項目から、固定資産の不動産に数字が移り、現金で足りなかった部分に借入をして数字が増えているので純資産は増えるわけではありません。むしろ不動産を相場通りに購入した場合は、諸費用の分だけ純資産は減ります。

不動産は資産形成をする上で有利な資産ですが、財務諸表が分かっていれば、購入する場合は諸費用というコストをその後のキャッシュフローと売却の損益で回収するから純資産が殖えるというモデルの投資であることが明確に分かります。

図1－5に戻りますが、左側の資産を上からご覧いただくと、現金化しやすい順番に並んでいることが分かります。負債と純資産は、上から資金調達しやすい順番に並んでいます。キャッシングより、不動産を購入する際に長期の借入をするほうが難しくて、さらに自分の個人資産を事業用の資産に注ぎ込むのも限界があるとイメージしていただくと良いでしょう。

この貸借対照表（B／S）を見る時に金融機関やコンサルタントがどのような順番で見るかご存知でしょうか。金融機関やコンサルタントは、右下の純資産から上に見て、負債を見終わってから資産を見ます。一番重要なのは、資産や負債ではなく、**純資産がいくらあるのか**ということだからです。左側の資産は運用を表し、右側の負債と純資産は調達を表しています。右下の純資産で本当に持っている資産はいくらかを確認するとともに、負債と純資産でどれだけの額を調達していて、左側の資産でどのような内容で運用しているのかを見ています。

多くの方が、左側の不動産の額や棟数、戸数を気にしますが、左側は運用している種類を表しているだけで、**本当にいくらあるのかを表しているのはあくまで純資産**だということに注意が必要です。

6 キャッシュフロー

一期間のお金の流れとして損益計算書（P／L）をご紹介しましたが、損益計算書（P／L）は実際のお金の流れではありません。実際にはお金を払っていないけど経費にできる減価償却が販売費及び一般管理費の中に含まれていたりして、実際のお金の流れとは違う数字を表しています（減価償却については後述します）。損益計算書（P／L）の項でも紹介しましたが、あくまで税金を計算するものと考えると理解しやすいでしょう。

本項で紹介するのは、実際のお金の流れのキャッシュフローです。不動産投資で使うキャッシュフローと法人の財務諸表のキャッシュフロー計算書は使う趣旨が違いますので、内容も違います。その内容を確認していきましょう。

巻末3をご覧いただくと、キャッシュフローの流れが2つあることが分かります。この中で違う点が、総潜在収入にGPIとPRIの2つがあるということです。また、GPI

のほうには賃料差異という項目があります。この意味から順を追って見ていきましょう。

■総潜在収入（GPI：Gross Potential Income）

不動産が持っている潜在的な賃料収入のことです。「今現在、市場でいくらで貸せるのか」という額を表しています。あくまでいくらで貸せるのかという数字ですから、空室などは含みません。

■賃料差異

総潜在収入（GPI）と実際に契約している賃料に出る差が賃料差異です。例えば、10年前に新築で入居してくれた方の契約で、家賃に変更がなければ新築時の家賃が高く現在の賃料は下がっているということが多いでしょう。この相場の家賃と今貸している家賃の差が賃料差異です。この賃料差異を算出していると、この賃借人が出て行った場合にいくら家賃が下落するという数値が分かり、将来の収入減を想定に盛り込むことができます。

■総潜在収入（PRI：Potential Rental Income）

こちらも総潜在収入（GPI）と同じく今いくらで貸せるかということを表すものです

が、現在貸している賃料との差である賃料差異は考慮していません。どちらが正しいというものではなく、用途によって使い分けて考えるのが望ましいです。

複数年度を考えるキャッシュフロー表を作成する際に「総潜在収入（ＧＰＩ）を使って考えよう」と思うと家賃の下落を見込み、総潜在収入（ＧＰＩ）の設定はできたとしても賃料差異を毎年設定することが難しいでしょう。賃料差異を複数年度計算するためには客観的なデータがあれば良いのですが、客観的なデータは乏しいので、賃借人がどのくらいの期間で入れ替わるのかをエリアの特性や間取りのタイプ、賃借人の家族構成などから考えなければいけません。エリアごとにも物件ごとにも事情は違うので、複数年度で考える場合には賃料差異は考慮しない総潜在収入（ＰＲＩ）を用い、シミュレーションを組んだほうが分かりやすいです。既に保有している不動産は、1年間のキャッシュフローをいかに多くするかという視点で運営や改善を行っていく必要があるので、賃料差異の分かる総潜在収入（ＧＰＩ）を用いることが望ましいです。

■空室損失

1年間でどれだけ空室によって家賃収入を得られないかという額です。

■雑収入

自動販売機や駐車場、太陽光発電、アンテナ設置など、家賃収入以外の収入です。

■実効総収入（EGI：Effective Gross Income）

総潜在収入（GPI）±賃料差異＋雑収入、もしくは総潜在収入（PRI）＋雑収入から空室損失をそれぞれ引いた額が実効総収入（EGI）です。管理会社ではなく直接賃借人からオーナーの通帳に収入が入る場合の額だとイメージすると分かりやすいでしょう。

■運営費（Opex：Operating Expenses）

管理会社に払う管理料、光熱費、固定資産税、点検費用、清掃費用、現状回復のための修繕費など運営するにあたって日常的にかかる費用。大規模修繕は含みません。

■営業純利益（NOI：Net Operating Income）

実効総収入（EGI）－運営費（Opex）、不動産から生まれる収益。融資を受け支払う返済額は、自己資金、借入期間、金利によって左右されますが、営業純利益（NOI）は個人の裁量ではなく不動産が稼ぎ出す収益です。不動産の投資分析では、この営業純利益（ＮＯＩ）を多く用いますので、しっかり押さえましょう。

■一時金の運用益

敷金や保証金などを運用して得た利益。大きな単位の不動産でしたら考慮する場合もありますが、この項目はあまり使用することはありません。

■資本的支出（Ｃａｐｅｘ：Capital Expenditure）

大規模修繕やリノベーションの費用など。長期保有をするのか、売却するので大規模修繕をしないのか、大規模修繕と合わせてリノベーションを行い価値を上げて売却するのかなど、不動産に対する戦略によって計上する額やタイミングが変わります。

■純収益（ＮＣＦ：Net Cash Flow）

営業純利益（ＮＯＩ）＋一時金の運用益－資本的支出（Ｃａｐｅｘ）。借入金返済前の収益。

■年間負債支払額（ＡＤＳ：Annual Debt Service）

融資の年間支払額。

■税引前キャッシュフロー（BTCF：Before Tax Cash Flow）

純収益（NCF）－年間負債支払額（ADS）。

■税（Tax）

所得税など。

■税引後キャッシュフロー（ATCF：After Tax Cash Flow）

税引前キャッシュフロー（BTCF）－税（Tax）。

＊巻末4にも内容を記載していますので、後ほど確認で利用してください。

これがキャッシュフローの一連の流れです。損益計算書（P／L）でも文字だけではイメージしづらかったと思いますので、キャッシュフローも視覚的に見てみましょう。

図1－7をご覧ください。左側の一番大きな箱が総潜在収入（GPI）です。総潜在収入（GPI）という箱の中にある賃料差異、空室損失、雑収入という箱を取り除いたものが実効総収入（EGI）の箱です。実効総収入（EGI）という箱から運営費（Opex）と

図１－７

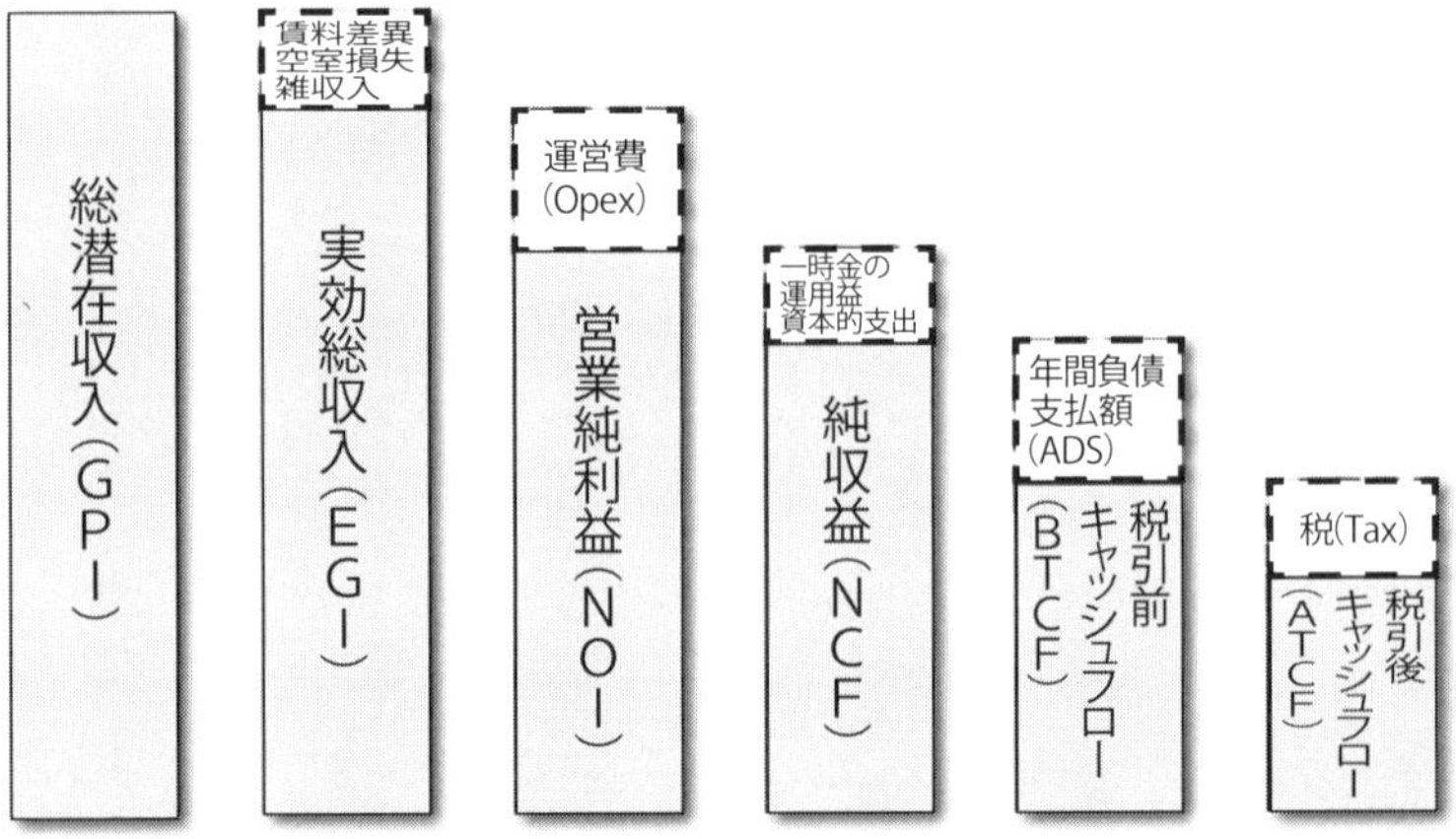

いう箱を取り除いたものが営業純利益（ＮＯＩ）の箱です。と、このような形で続いていきます。

字面で見るよりも、やはりビジュアルで捉えていただいたほうが頭に入ってきやすいと思います。キャッシュフローでもこのほうが何かを改善したいと思った時にとれる手段もイメージしやすいでしょう。

例えば、営業純利益（ＮＯＩ）を改善したいとしましょう。営業純利益（ＮＯＩ）の箱を大きくするにはどうすればよいのかと考えます。総潜在収入（ＧＰＩ）の箱が同じでも、マイナスの項目である運営費（Ｏｐｅｘ）と空室損失を減らせば営業純利益（ＮＯＩ）の箱は大きくなります。プラスの項目では雑収入を大きくしたり、そもそもの総潜在収入（ＧＰＩ）の箱を大きくして、契約賃料が低い場合は総潜在収入（ＧＰＩ）に近づければ営業純利益（ＮＯＩ）が大きくなることが分かるでしょう。

空室対策のための手段や運営費の改善の手段を考える前に大きな方向性を決め、それを逆算して手段を考えて行ったほうが改善というプロセスはうまくいきます。

7 損益計算書（P／L）とキャッシュフローの関係

同じ一期間の収益と費用を見る指標なのに、目的が違うために内容の違う損益計算書（Ｐ／Ｌ）とキャッシュフローは、その違いをしっかり理解する必要があります。まずは損益計算書（Ｐ／Ｌ）とキャッシュフローの各項目の対応関係から見ていきます。

図１－８を上から見ていくと、キャッシュフローでは総潜在収入（ＧＰＩ）、賃料差異、空室損失、という項目がありますが、実際にお金が出入りしている項目ではないので損益計算書（Ｐ／Ｌ）では登場しません。キャッシュフロー上の実効総収入（ＥＧＩ）は、実際にお金の流れがある項目なので対応関係を確認しましょう。不動産の賃貸経営は商品を仕入れて販売したり、工場で組み立てて販売しているわけではありませんので、売上＝売上総利益になります。この２つがキャッシュフロー上の実効総収入（ＥＧＩ）にあたります。次に販売費及び一般管理費が、キャッシュフロー上の運営費（Ｏｐｅｘ）にあたります。

図1－8

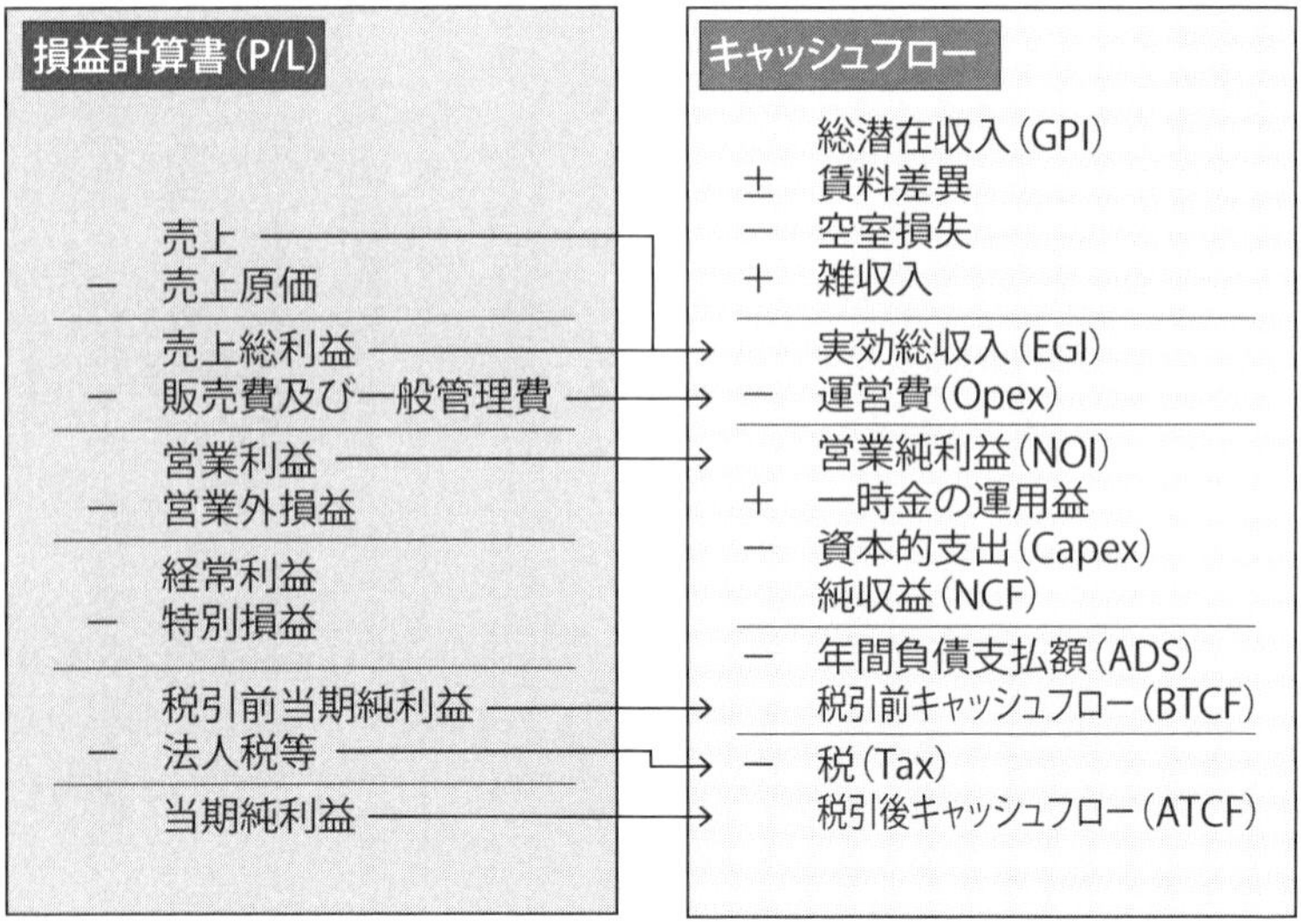

その後の項目は税引前当期純利益が税引前キャッシュフロー（BTCF）、法人税などが税（Tax）、当期純利益が税引後キャッシュフロー（ATCF）です。

このように見てみると損益計算書（P／L）とキャッシュフローは似ている点も多くあるのが分かります。しかし、損益計算書（P／L）とキャッシュフローでは構成している項目で大きく違う点があります。確認していきましょう。

■損益計算書（P／L）にはあるがキャッシュフローにはないもの

・減価償却
（販売費及び一般管理費に含まれている）

図1－9

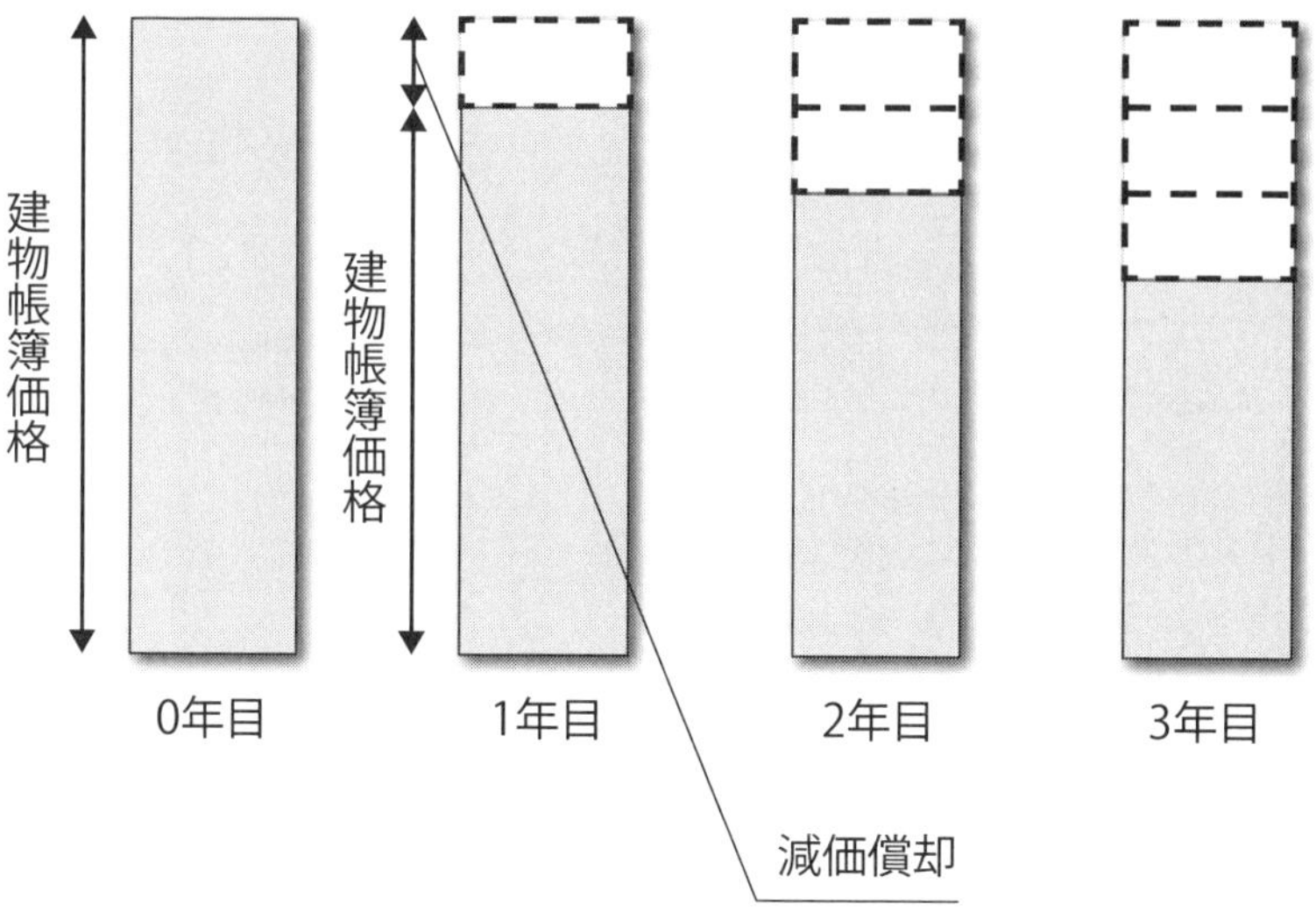

■キャッシュフローにはあるが損益計算書（P／L）にはないもの

・借入金の元金返済
（年間負債支払額（ADS）に含まれている）

減価償却とは、不動産の場合、土地と建物に分け、経年劣化による価値が減る建物部分を税法で決められた年数で経費として計上していくものです。図1－9がそのイメージです。不動産を保有している際に減価償却を計上すると経費になり税金が減りますが、減った分の建物帳簿価格が減り売却時は譲渡所得税が課税されます。

借入金の元金返済とは、借入金の返済額の中に含まれる、利息の返済部分と元金のうちの元金部分のことです。

この減価償却と元金返済が損益計算書（P／L）とキャッシュフローの額に乖離《かいり》を作る大きな要因です。この点は複数年度で考えることが重要ですので、後ほど改めて説明しましょう。

8 時価と簿価の貸借対照表（B／S）

「1　資産の単位」で、資産形成の『資産』とは、具体的に何を指し、単位は何ですか？　という質問をしました。


不動産投資や賃貸経営を既にされている方でも、この問いに答えられる方は少ないです。

先ほども例に挙げたマラソンでは、明確なゴールの場所が分かると距離が分かる。ではそのゴールへどのくらいの時間で着きたいか。そのためにはどのくらいのペースで走り、そのペースを達成するためにはどのようなフォームにするか。フォームを改善するためには……というようなプロセスで、大きな目標を達成するためにはどうすれば良いのかと逆算し、今すぐできることまで目標を細分化して、行動を決めていくことで目標の達成に近づきます。

スポーツにしろ、仕事にしろ、このように大きな目標を立ててそこから逆算する方法で行動の計画をすると目標達成するプロセスは同じです。そのため、資産形成の資産がぼんやりしているとゴールがぼやけてしまい、取るべき方法やプロセスを間違えるどころかゴールを間違えてしまうことがあります。

資産形成の資産とは何か。ここまでで資産というと貸借対照表（B／S）に出てきた言葉でした。この貸借対照表（B／S）について考えてみたいと思います。

貸借対照表（B／S）は一般的に税理士さんなどが作成する帳簿の一つを想像される方も多いと思います。ここまでで、損益計算書（P／L）は税金の計算で使い、キャッシュフローは実際のお金の出入りだとお話ししました。ということは、一般的に貸借対照表（B／S）は損益計算書（P／L）に対応したものを想像されますが、実はキャッシュフローに対応した貸借対照表（B／S）もあるのです。

損益計算書（P／L）に対応した貸借対照表（B／S）は税金の計算などで使いますが、いくら財産があるのかという数字を正確には映し出していません。本当に殖やしたい、形成したい資産は税金の計算で使う机上の資産ではなく、現実の資産のはずです。損益計算書（P／L）に対応した貸借対照表（B／S）は机上の数字、帳簿上の資産なので簿価とい

図1－10

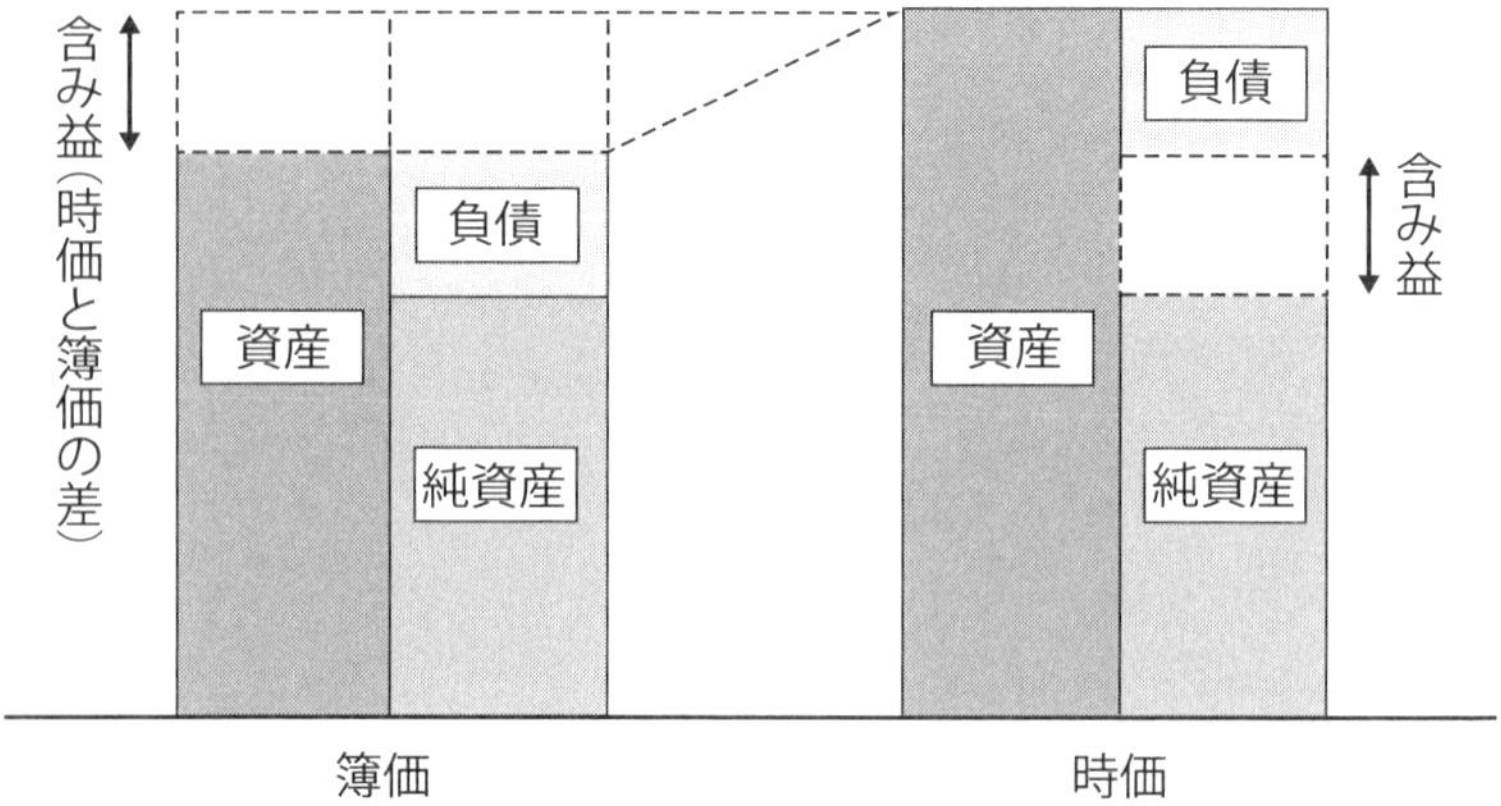

います。本当にいくらあるのかという貸借対照表（B／S）は今いくらの価値が実際にあるのかという時価をベースにしたものです。

図1－10をご覧ください。企業を分析する際や富裕層向けのプライベートバンク部門が富裕層の財産を分析する際はこのように簿価と時価を見ます。左は、損益計算書（P／L）に対応した簿価の貸借対照表（B／S）、右は資産と負債（負債は基本的に帳簿上も時価と同じ）を時価にした貸借対照表（B／S）です。資産を時価に引き直して、時価の貸借対照表（B／S）と簿価の貸借対照表（B／S）を比べて時価ベースの貸借対照表（B／S）が上回っていれば含み益、下回っていれば含み損といいます。時価ベースの貸借対照表（B／S）を考える際には、有価証券と不動産を換金したら今いくらになるかという評価損益を加減算する

図1－11

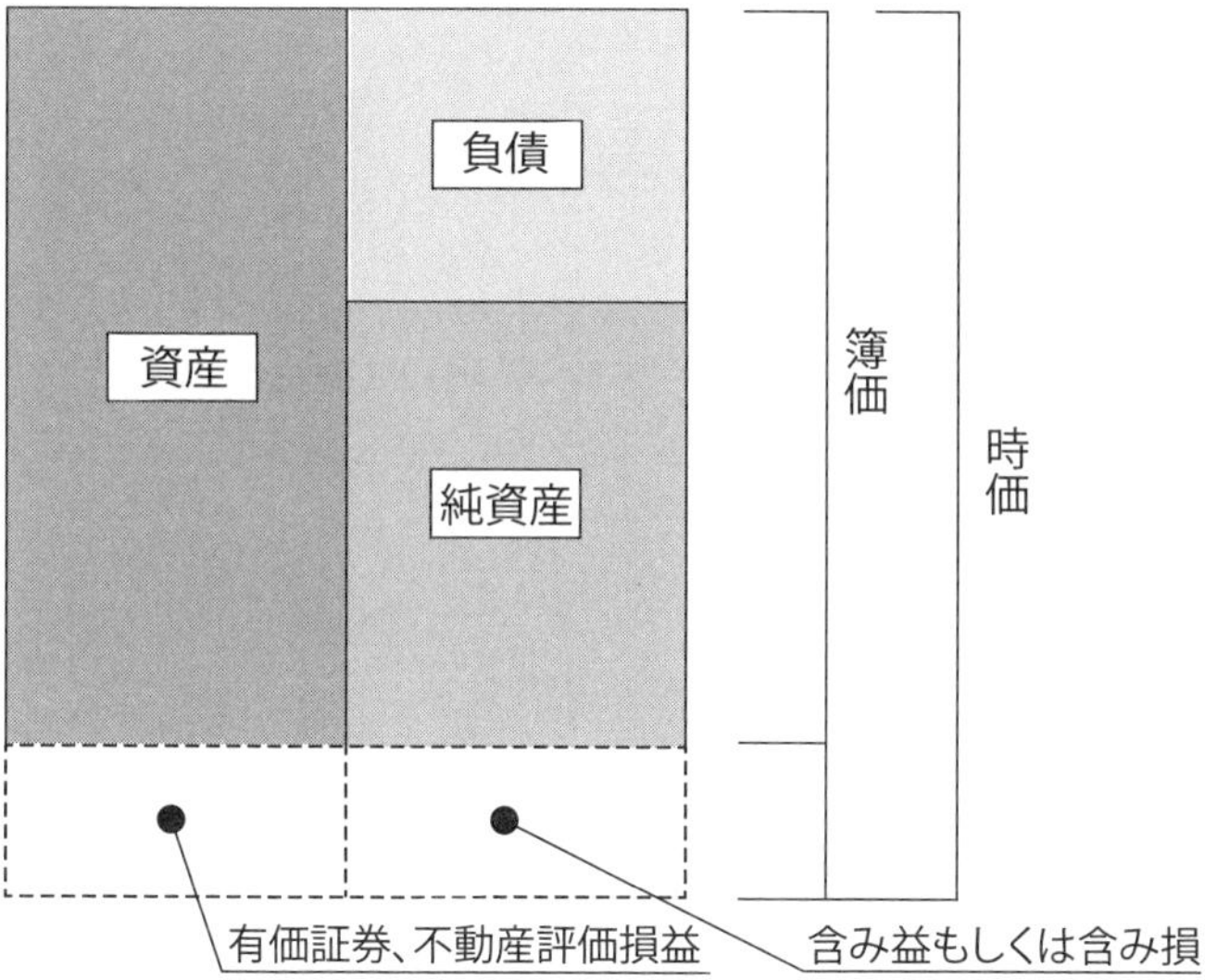

ことで時価ベースの貸借対照表（B／S）を考えることができます（図1－11）。不動産だけでなく有価証券も時価で考えますが、有価証券のほうがイメージしやすいと思います。有価証券を購入した時の価格で考えていたら、資産が増えているのか、減っているのか判断ができないでしょう。不動産も同じように簿価と時価は違うので時価を把握する必要があります。

試しに時価の貸借対照表（B／S）を考えずに不動産投資をして大きな損をしてしまう例を見てみましょう。

図1－12

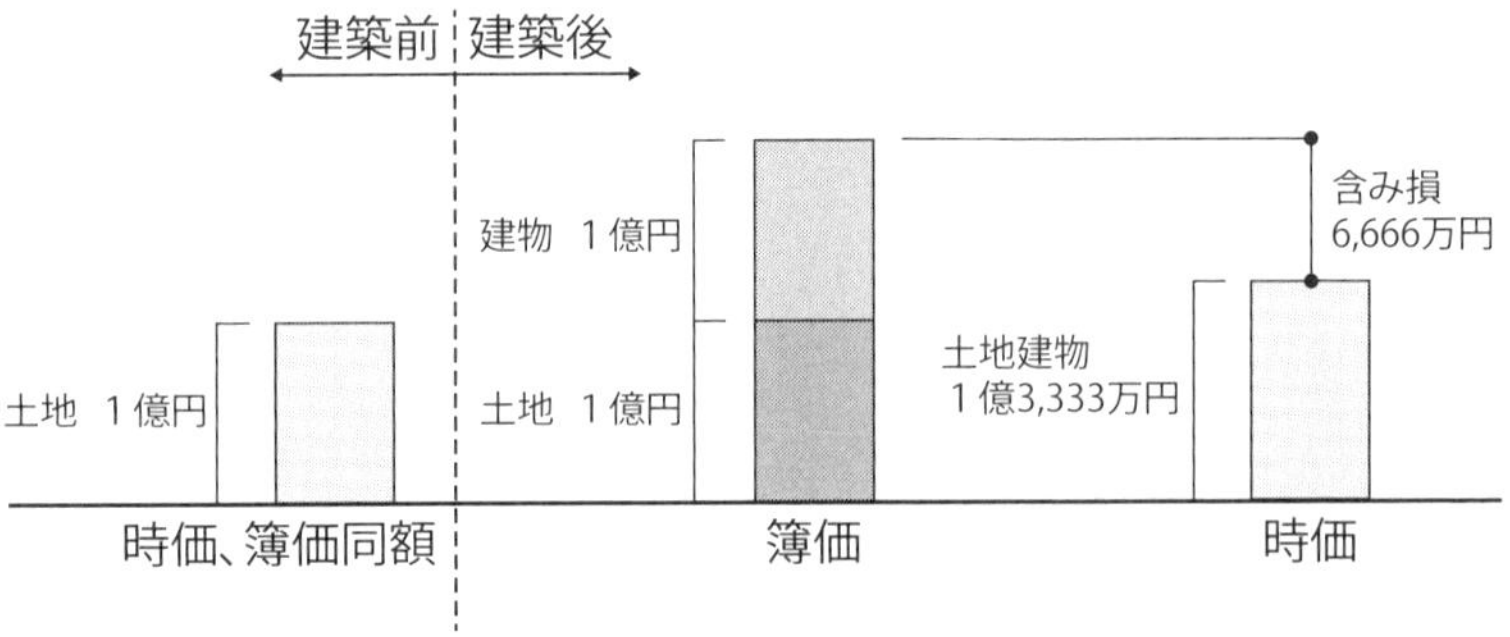

【例】所有している土地にアパートやマンションを建てる場合
所有している土地の簿価　1億円
所有している土地の時価　1億円
アパートやマンションなどの建物建築にかかる総事業費　1億円
家賃収入　1000万円

もともと1億円で売れる価値のある不動産が、帳簿上も1億円だったとしましょう。1億円の総事業費でアパートやマンションを建築し、家賃収入は1000万円とハウスメーカーはいいます。しかし、ハウスメーカーのいう家賃収入1000万円はあくまで総潜在収入（GPI）のことです。空室損失を5%、運営費（Opex）を15%として、総潜在収入（GPI）から20%を差し引いた額が営業純利益（NOI）800万円だったとします

（ハウスメーカーで建築する場合は、サブリースのケースが多いので空室損失はなく運営費（Ｏｐｅｘ）が17％位のケースも多いと思いますが、空室損失を低減するために元々の賃料を総潜在収入（ＧＰＩ）より下げているケースが多いので営業純利益（ＮＯＩ）はさほど変わりません）。土地にアパートやマンションを建てる場合、帳簿上は、土地1億円、建物1億円という形で記載され、土地建物合わせて2億円となります（図1－12）。しかし、換金した際の価値はどうでしょうか。このエリアが仮に投資家が6％の利回りで不動産を購入するエリアだとしたら、

営業純利益（ＮＯＩ）８００万円 ÷ ６％＝1億３３３３万円

1億３３３３万円の価値となります。図1－12のように1億円で売れるはずの土地の上に、1億円の費用をかけて帳簿上は2億円の価値がある不動産の時価は1億３３３３万円となり６６６６万円の含み損を抱えるということになります。

この例のような現象は全国各地で多く発生しており、相続対策や資産形成のつもりで建築したアパートやマンションのせいで、多くの資産を失うケースが現実に起きています。サブリースや営業手法、人口減少などが、アパート、マンション建築のリスクとして取り上げられることが多いですが、そもそも不動産投資としての問題の本質はここにあります。

このように時価と簿価の貸借対照表（B／S）を捉え、**資産形成の資産を時価の貸借対照表（B／S）の純資産と定義ができていることで適切な判断をすることができます。**

9 形成すべき資産とは

不動産投資、賃貸経営を考える際に「投資手法などを考える前に資産を形成する」という定義を理解し、そのプロセスを考えることは前項の例のようにとても重要です。また、いくら資産を持っていても、資産が資産を産む状態を作らないと自分の体を資本に稼ぎ続けなければいけません。日常生活での支出に加え、資産を保有することでかかるコスト（例えば固定資産税など）や、相続税などの支出を超える収入を稼がないと資産は減る一方です。

資産を守るというと、親から代々引き継いだ不動産などがあれば、実物として守りたいと思い、その土地上にアパートやマンションを建てるのかもしれません。しかし、資産を守るというのは時価ベースの純資産をいかに殖やすか、純資産を減らさないかということが前提にないと、守りたいはずだった資産も失ってしまうことがあります。

売却をしたくない不動産があれば、資産を減らすアパートやマンションの建築ではなく、

図1－13

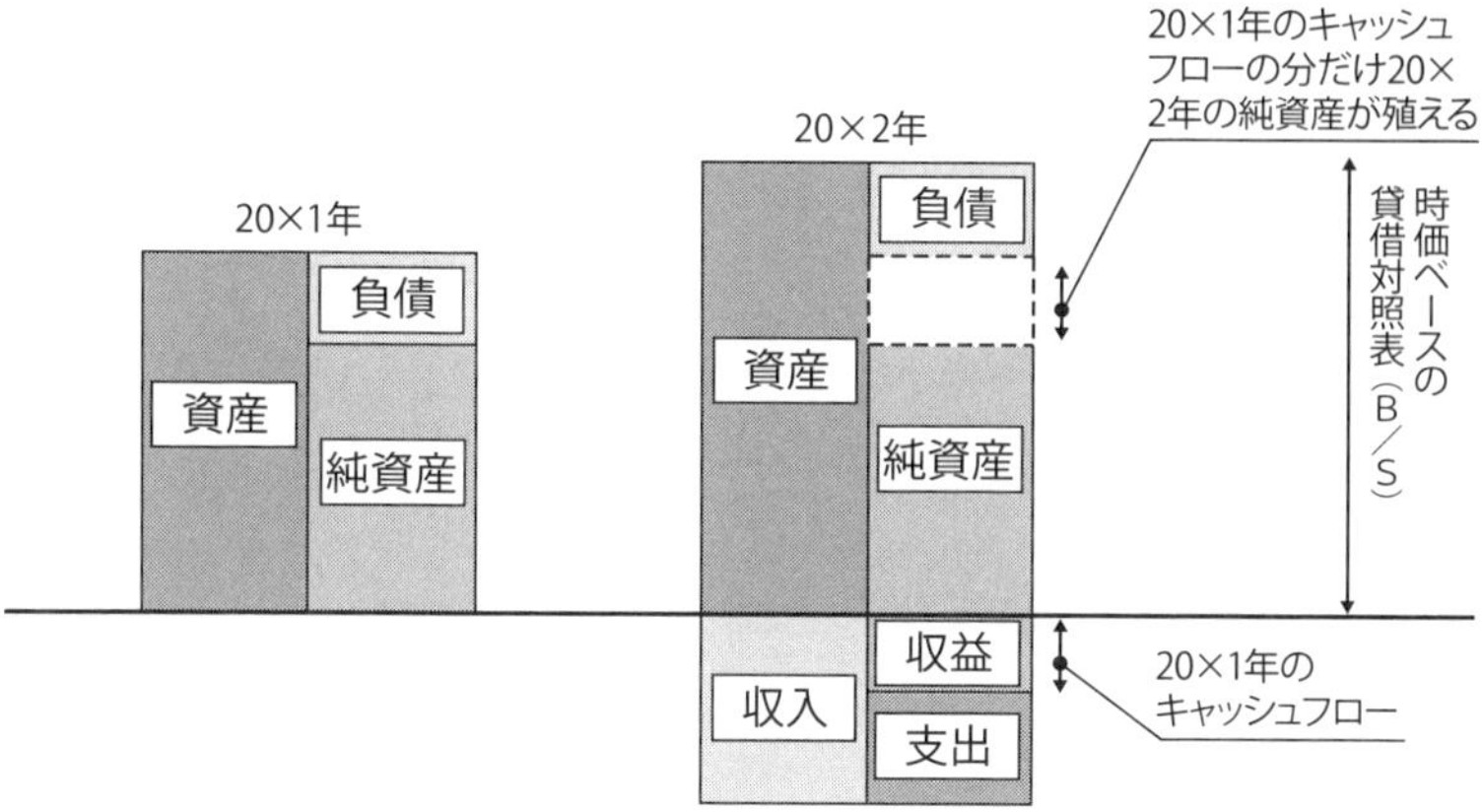

他の資産から将来の支出を払うことができる収益を上げることがその不動産を守る手段になる場合もあります。しっかりと資産を数字で捉え、今どういう状況なのか、目標は何か、それを達成するプロセスは何なのか考えていきましょう。

資産を形成するということは時価ベースの純資産を殖やすということですが、それには、どのように時価ベースの純資産が殖えたり減ったりするのかを理解していないといけません。時価の貸借対照表（B/S）が殖えたり減ったりするプロセスは図1－13のようになります。20×2年の時価の貸借対照表（B/S）の純資産は、20×1年のキャッシュフローが20×1年の時価の貸借対照表（B/S）の純資産に加算（もしくは減算）されます。この時価の貸借対照表（B/S）の純資産を効率良く殖やしていくこと、それが資産形成です。

次章からは、この時価の貸借対照表（B／S）の純資産を殖やす効率を判断するための分析を見ていきましょう。

第2章

不動産投資の概要

1 投資の基本

資産を形成する上で、資産を運用せずに、自分の体と時間を資本に稼ぎ出す収入を増やして日々の支出を減らすことは、肉体的にも時間的にも限界があるでしょう。仮に収入を増やす能力があったとしても、せっかく稼ぎ出した純資産を運用せずに置いておくことはとても効率が悪いです。

資産を運用することで自分の体と時間を資本にしなくても、効率良く資産を殖やすことができます。この資産を運用する時に考えなければいけないのが、リスクとリターンの関係です。図2－1のような図をご覧になったことのある方も多いと思います。国債がローリスク・ローリターン、株はハイリスク・ハイリターン、不動産投資はミドルリスク・ミドルリターンといったりもします。これは概念的な図ですが、意味を理解せずにこの図を利用して投資商品を販売している場合も多いので注意が必要です。

そもそもリスクとリターンとは何でしょうか。リターンは、〝払ったお金に対する対価〟とイメージがしやすそうです。ではリスクはどうでしょうか。リスクはデメリットとは違い、投資の際のリスクとは〝不確実性〟を指します。

図２－１

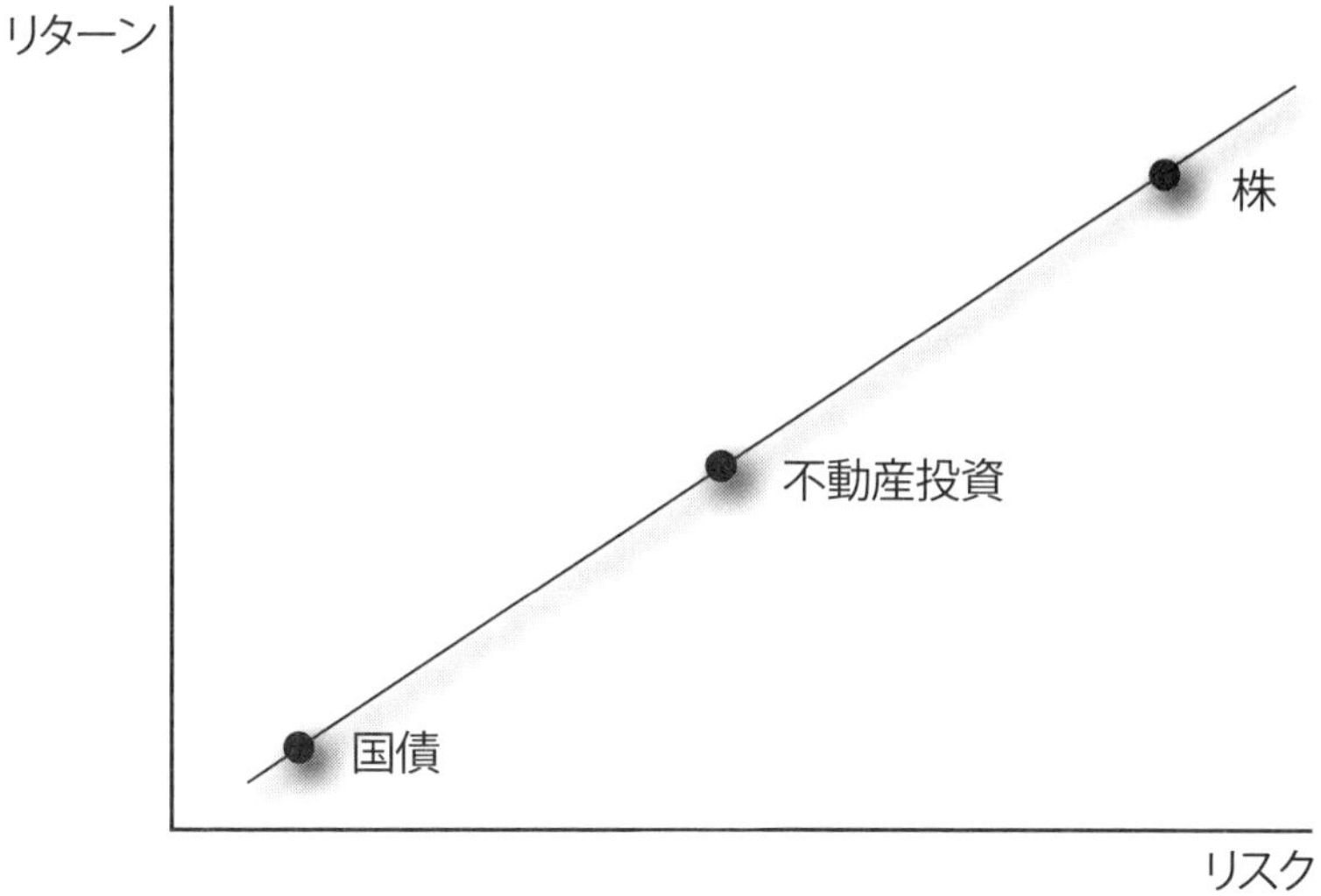
リターン
株
不動産投資
国債
リスク

図２－２

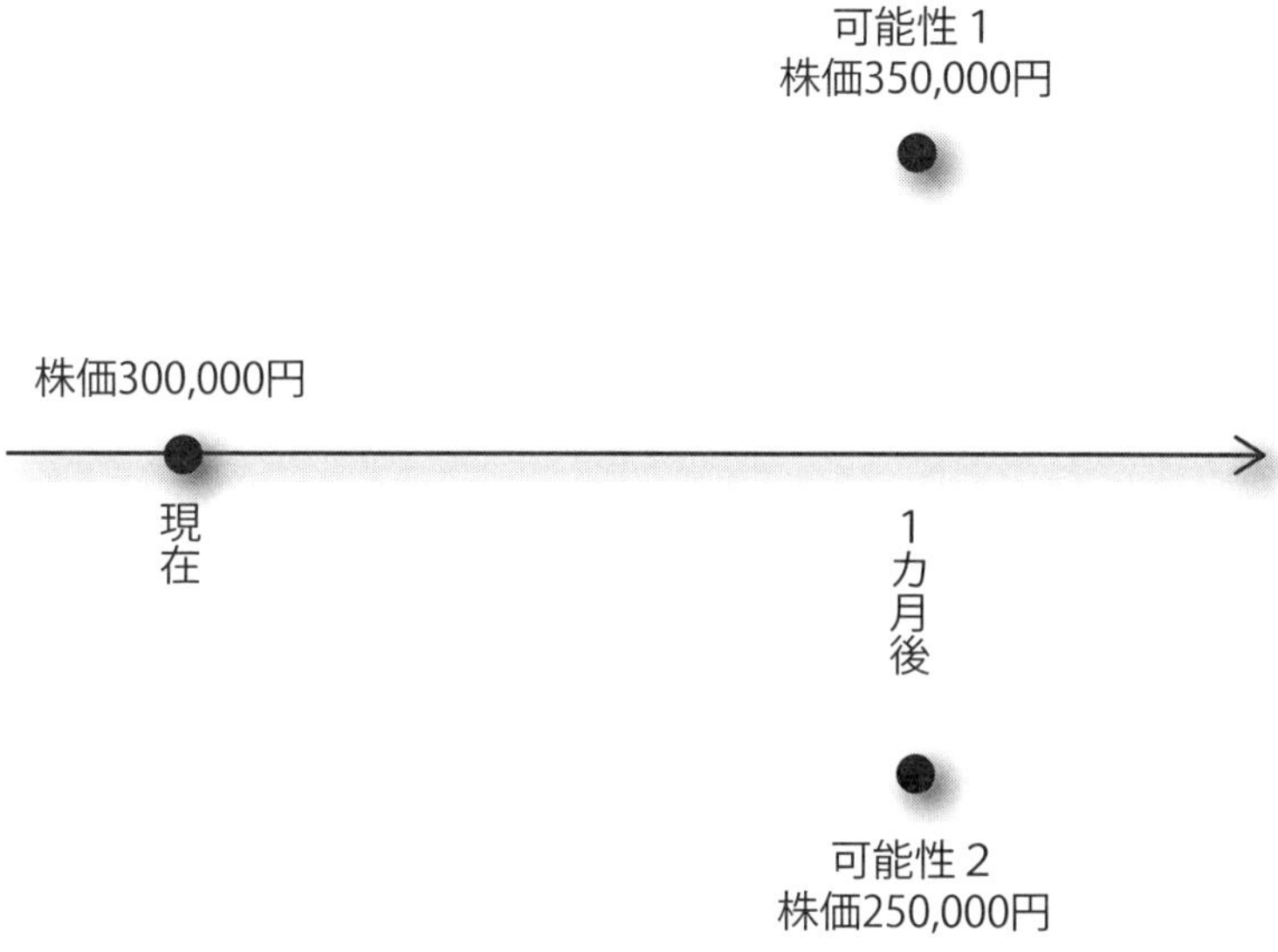
可能性１
株価350,000円
株価300,000円
現在
１カ月後
可能性２
株価250,000円

例えば、図2－2のようにハイリスク・ハイリターンといわれている株で考えてみましょう。現在1株30万円の株が値上がりするという期待をして購入するとします。1カ月後いくらになるかというのは、35万円になっていることもあるかもしれないし、25万円になるかもしれません。全銘柄の株価に影響を与えるような市場リスクもあれば、企業が業績の予測を上昇修正したり、下方修正をするなど、銘柄固有の非市場リスクもあるでしょう。

この将来の株価を当てるということは絶対にできませんが、投資をするということは、下がる確率よりも、上がる確率のほうが高いと思って投資をします。この25万円になる可能性と35万円になる可能性の幅がリスクの大きさです。30万円から株価が下がる25万円の間だけがリスクではなく、30万円から35万円に上がることも含め、将来の不確実な可能性がリスクです。ちなみに上がる可能性は、アップサイドリスク、下がる可能性はダウンサイドリスクといったりします。

このリスクのことをファイナンスでは、標準偏差（σ）という単位を使って表したりもします。このハイリスク・ハイリターンの株に対して、不動産はミドルリスク・ミドルリターンです。株よりもリターンの不確実性が低いからです。しかし、前述の株の例のように好況だった場合、不況だった場合、平常だった場合など、シナリオごとの投資額に対していくら儲かるという額を予想していることが前提です。想定するシナリオごとの投資額に対していくら儲かるという額と、投資額に対しての効率が分からずに投資をするということは、先ほどのミドルリスク・ミドルリターンには当てはまらず、ハイリスク・ミドルリターンかもしれないですし、そもそも投資として最初から成り立っていないかもしれません。

土地建物の投資商品やアパートやマンションの建築などで、業者に騙されたというニュースを散見しますが、多くの場合が最初の投資分析を適切に行わず、業者にいわれるがままに投資を行い、リスクを適切に判断できていなかったケースで起こります。不動産投資を適切に行えばミドルリスク・ミドルリターンで投資ができますので、適切な投資分析を身につけていきましょう。

2 利益率と利回り

不動産投資の効率というと、販売図面などには、表面利回り○○%や実質利回り○○%という記載があるので、これを指すと想像される方もいらっしゃると思います。実はこの販売図面などに記載されている表面利回りや実質利回りという言葉は、曖昧に使われています。この言葉の定義が曖昧なことも問題なのですが、それ以前に、この表面利回りや実質利回りは初年度の収入に対しての指標でしかないということに気をつけなければいけません。

「1　投資の基本」の図2-1で示したリターンの判断は初年度にいくら儲かるかではなく、投資としていくら儲かるかだとお話ししました。株で想像していただくと、配当だけを考慮してリターンを考えても意味がないことが容易に判断できるのではないでしょうか。不動産も同じです。例を用いて、初年度の収益だけを考えるとどうなるのか見てみましょう。

例えば、1000万円の区分マンションで実質利回りといわれるものが6%のものと、1000万円の太陽光発電の投資で利回り8%と書かれている投資を比較して考えてみましょう。太陽光発電は屋上などに設置するタイプで、それ自体を売買できるタイプ（土地を買って設置を行うタイプ）ではないことを前提とします。数字としては、太陽光発電のほうが良い投資に見えますよね。この太陽光発電のソーラーパネルの20年が寿命だとして、その時点での投資の結果を比較してみましょう。

図2-3は、20年間の太陽光発電と区分所有マンションの投資を比較したものです。0年目というのは1000万円の初期投資額を指し、お金の流れを単年度と累積額に分けて

います。太陽光発電のほうは、1000万円の8％の収益が継続することを前提とし、区分所有マンションは、1年ごとに家賃が0・5％ずつ下落して、20年後には、当初購入時よりも築年数が古くなっているので、売却時の利回りにプラス1％しないと売却できない（価格が下がる）という想定です。

途中の収益しかない期間は、当然利回りとよばれるものが高い太陽光発電のほうが期中の収益は上ですが、最後の売却損益を含めると区分所有マンションのほうの累積額が上回ります。太陽光発電の寿命の20年で比較しましたが、20年目より前だと太陽光発電は転売できないので価値はゼロに対して、区分所有マンションはその時に投資家が買う利回りで不動産を売却することができます。お金の流れの累積額で見ると最後の20年目だけ区分所有マンションだけが上回っているように見えますが、実際は、不動産はいつでも売却できるので、投資により得るお金と売却額を足すと、常に区分所有マンションへの投資が上回ります（景気が後退して大幅に売却額が下がった場合には、区分所有マンションへの投資額のほうが下回る場合もあります）。

このように、初年度の収益に対しての効率しか見ていない状態では本来の投資効率は見えてこないということが分かります。1章「8　時価と簿価の貸借対照表（B／S）」のアパートやマンションの建築なども良い例です。2億円の初期投資額に対して800万円の

図２－３

	太陽光発電		区分所有マンション	
	単年度	累積額	単年度	累積額
0年目	-10,000,000	-10,000,000	-10,000,000	-10,000,000
1年目	800,000	-9,200,000	600,000	-9,400,000
2年目	800,000	-8,400,000	597,000	-8,803,000
3年目	800,000	-7,600,000	594,015	-8,208,985
4年目	800,000	-6,800,000	591,045	-7,617,940
5年目	800,000	-6,000,000	588,090	-7,029,850
6年目	800,000	-5,200,000	585,149	-6,444,701
7年目	800,000	-4,400,000	582,224	-5,862,478
8年目	800,000	-3,600,000	579,312	-5,283,165
9年目	800,000	-2,800,000	576,416	-4,706,749
10年目	800,000	-2,000,000	573,534	-4,133,216
11年目	800,000	-1,200,000	570,666	-3,562,550
12年目	800,000	-400,000	567,813	-2,994,737
13年目	800,000	400,000	564,974	-2,429,763
14年目	800,000	1,200,000	562,149	-1,867,614
15年目	800,000	2,000,000	559,338	-1,308,276
16年目	800,000	2,800,000	556,541	-751,735
17年目	800,000	3,600,000	553,759	-197,976
18年目	800,000	4,400,000	550,990	353,014
19年目	800,000	5,200,000	548,235	901,249
20年目	800,000	6,000,000	8,299,298	9,200,546

営業純利益（ＮＯＩ）だと、初年度は４％の効率ですが価値としては６６６６万円の含み損を抱えていますので、不動産の価値を考慮しないと投資の判断を狂わせます。

投資の効率を考える際に、単年度の収益に対しての効率を計るものと、投資期間全体（複数年度）で売却損益も含めて効率を計るものがあります。本書では、単年度の収益に対しての効率を計るものを利益率と呼び、複数年度で考えるものを利回りと呼びます。この利益率の指標と利回りの指標を使い分け、正しい投資判断をしていきましょう。

3 利益率

まずは1年間の収益に対して効率を見ていきましょう。販売図面などでは表面利回り、実質利回りと記入されていますが、会社によって定義が違うことがあります。定義が違うということは、比較ができないということです。投資を考える際には「Ａ銀行の金利が○○％、Ｂ銀行の金利が△△％なら、Ａ銀行のほうが□□％高いからＡ銀行の定期預金にしよう」というような比較をしたいところですが、この○○％や△△％の定義が違うと比較ができない状態なので困ってしまいます。

しかし、安心してください。しっかりと定義を揃えることで比較はできます。

第2章

その定義の前に、基本的な考え方からお伝えします。

・収入÷価値＝率
・収入÷率＝価値
・価値×率＝収入

これが基本的な考え方です。図2-4は右の式を図で表したものです。数式で見るよりも、図で見たほうが直感的に捉えられます。

図2-4

この基本式をベースに利益率を計算します。この基本式に1章「6　キャッシュフロー」で紹介した総潜在収入（ＧＰＩ）、営業純利益（ＮＯＩ）、税引前キャッシュフロー（ＢＴＣＦ）を使います。不動産業者によって表面利回りで設定している家賃が高額になっていたり、実質利回りで固定資産税しか入れていなかったりと、定義が違うため比較できないことがありますが、このように前提が揃うと他の物件と比較ができます。

以下が投資分析で使う利益率です。巻末5でも一覧表を記載していますので、確認で利用してください。

■表面利回り

表面利回り＝総潜在収入（GPI）÷物件価格

表面利回りは、物件価格に対する収入の規模を簡便に見るものです。

■還元利回り（キャップレート：Cap Rate）

キャップレート＝営業純利益（NOI）÷物件価格

営業純利益（NOI）に対して、諸費用含めず物件価格のみが分母となります。

■総収益率（FCR：Free and Clear Return）

FCR＝営業純利益（NOI）÷（物件価格＋購入諸費用）

営業純利益（NOI）に対して、物件価格と諸費用を足したものが分母となります。

第2章

■自己資金配当率（CCR：Cash On Cash Return）

CCR＝税引前キャッシュフロー（BTCF）÷自己資金

自己資金に対する利益率。借入れをすることで、還元利回り（Cap Rate）とローン定数（K％）を比べて、還元利回り（Cap Rate）が上回ればプラスに、下回ればマイナスに、てこの原理がそれぞれ働き、物件が持つ力の還元利回り（Cap Rate）よりも上振れしたり、下振れしたりさせます。

＊ローン定数（K％）：年間負債支払額（ADS）÷借入額

図2－5は、自己資金配当率（CCR）の式を図解したものです。物件価格1億円、営業純利益（NOI）600万円の例です。借入れをせず、全額自己資金の時の利益率の還元利回り（Cap Rate）は6％です。1億円の物件価格のうち9000万円の借入れを金利2％、融資期間30年で行ったとします。この場合、年間負債支払額（ADS）は約399万円です。営業純利益（NOI）から年間負債支払額（ADS）を引くと税引前のキャッシュフロー（BTCF）は約201万円です。自己資金1000万円に対して201万円のリターンなので、自己資金配当率（CCR）は20・1％です。借入れをしない時の還元利回り（Cap Rate）が6％なので、借入れをすることで20・1％に利益率が上がったのです。

図2-5

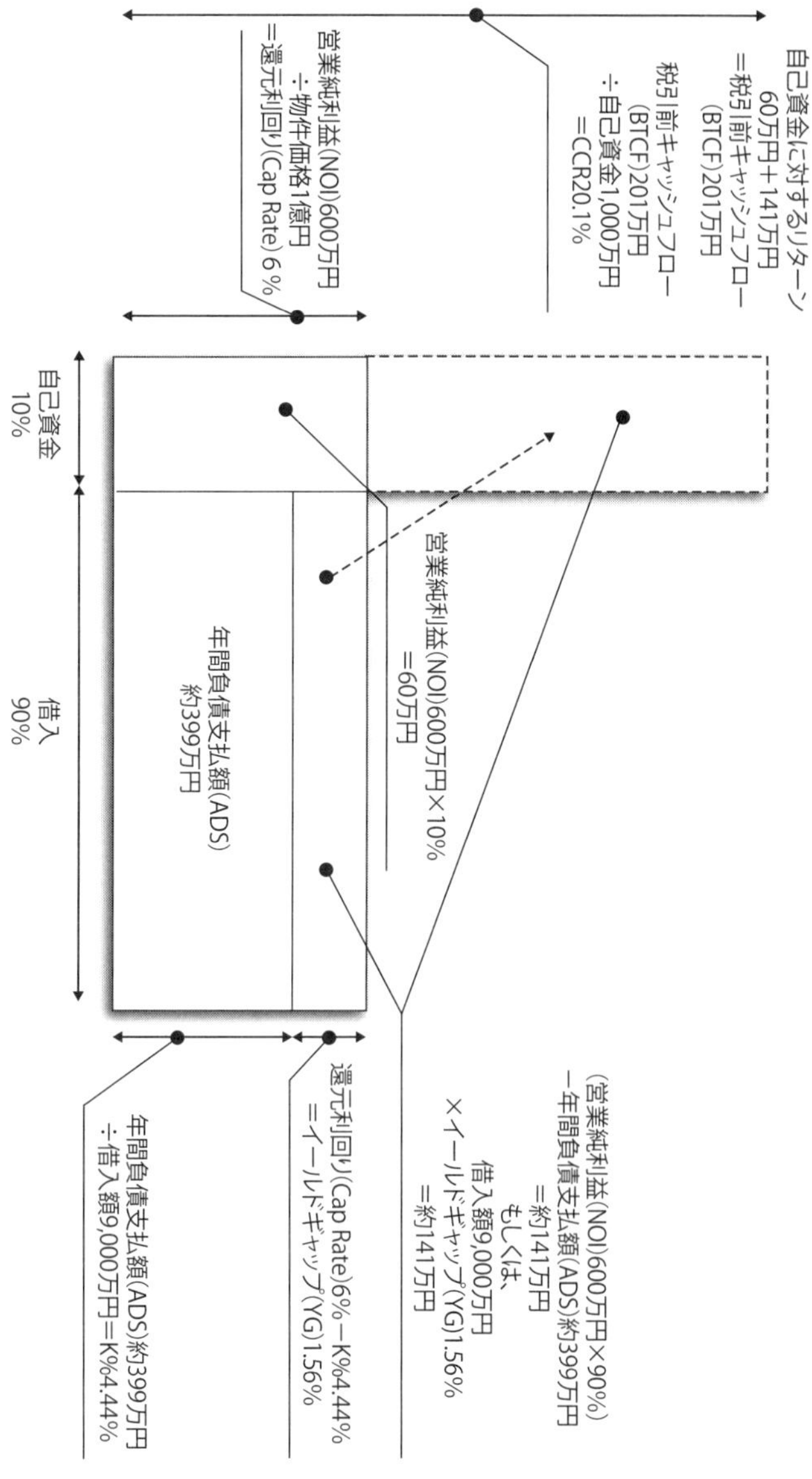
自己資金に対するリターン
60万円＋141万円
＝税引前キャッシュフロー
(BTCF)201万円
税引前キャッシュフロー
(BTCF)201万円
÷自己資金1,000万円
＝CCR20.1％
営業純利益(NOI)600万円
÷物件価格1億円
＝還元利回り(Cap Rate)6％
営業純利益(NOI)600万円×10％
＝60万円
年間負債支払額(ADS)
約399万円
自己資金
10％
借入
90％
(営業純利益(NOI)600万円×90％)
－年間負債支払額(ADS)約399万円
＝約141万円
もしくは、
借入額9,000万円
×イールドギャップ(YG)1.56％
＝約141万円
還元利回り(Cap Rate)6％－K％4.44％
＝イールドギャップ(YG)1.56％
年間負債支払額(ADS)約399万円
÷借入額9,000万円＝K％4.44％

ローン定数（K％）は金融機関側の利回りです。還元利回り（Cap Rate）とローン定数（K％）の差をイールドギャップ（YG）といい、イールドギャップ（YG）の1・56％分が自己資金の利益率を上げています。これをレバレッジ（てこの原理）といいます。

このように利益率にはいくつか種類があります。表面利回りは簡便に投資規模を確認するもの、還元利回り（Cap Rate）は全額自己資金の時の物件が持つ稼ぐ力を確認するもの、総収益率（FCR）は還元利回り（Cap Rate）に諸費用を加味したもの、自己資金配当率（CCR）は借入をした場合の自己資金に対する利益率を確認するもの、と用途によって使い分けをします。このように各利益率が計算できるのも、1章「6　キャッシュフロー」の前提がしっかりと整っているからです。同じ尺度で値を出しているから、同じ尺度の利益率で比較をすることができるのです（後から確認したい時には巻末5をご覧ください）。

ただし、ここで確認してきた利益率はあくまで初年度の収益に対するものであり、売却の損益は含まれていないということを忘れてはいけません。

4 健全性の指標

利益率では、投資した額に対していくらのリターンがあるのかという効率を見てきました。次にリターンの効率ではなく、キャッシュフローの健全性を計る指標を見ていきましょう。

まずは損益分岐点（BE：Break-Even Point）です。（BER：Break Even Ratio）ともいいますが、ここではBEと表記していきます。キャッシュフローと聞くとお金が入ってくるイメージだと思いますが、入るのではなく出ていくマイナスのキャッシュフローもあります。プラスのキャッシュフローの場合は、入ってくるお金、マイナスのキャッシュフローの場合は、入ってくるお金 ＜ 出ていくお金 ＞ 出ていくお金、の状態です。ということは、入ってくるお金と出ていくお金のどこかに均衡点があります。それが損益分岐点（BE）です。全部空室になってしまい家賃収入が0円でも、固定資産税や光熱費、借入金の返済など、必ず出ていくお金があります。この必ず出ていくお金の合計が入ってくるお金に対してどのくらい比率を占めているかという指標です。

ここでは税引前のキャッシュフローを算出するまでの過程で考えます。図1-7で、税引前キャッシュフロー（BTCF）を算出するまでに実際に定期的にお金が出ていく項目を確認してみましょう。総潜在収入（GPI）の箱の中にある実際に定期的にお金が出ていく項目は、運営費（Opex）と年間負債支払額（ADS）です。空室損失は実際にお金が出ていくものではなく、貸していたらいくら入ったという機会損失です。この運営費

（Ｏｐｅｘ）と年間負債支払額（ＡＤＳ）が総潜在収入（ＧＰＩ）の中にどれだけ占めているかというのが損益分岐点（ＢＥ）です。式は次のとおりです。

損益分岐点（ＢＥ）＝【運営費（Ｏｐｅｘ）＋年間負債支払額（ＡＤＳ）】÷総潜在収入（ＧＰＩ）

損益分岐点（ＢＥ）は、運営費（Ｏｐｅｘ）と年間負債支払額（ＡＤＳ）がどれだけ総潜在収入（ＧＰＩ）の中に占めているかという比率なので、これを下回るとマイナスのキャッシュフロー、これを上回ればプラスのキャッシュフローとなります。例を見てみましょう。

物件価格	1億円
借入額（金利2％、借入期間30年）	９０００万円
総潜在収入（ＧＰＩ）	８００万円
空室損失	50万円
実効総収入（ＥＧＩ）	７５０万円

運営費（Opex）　150万円
営業純利益（NOI）　600万円
年間負債支払額（ADS）　399万円
税引前キャッシュフロー（BTCF）　201万円

損益分岐点（BE）＝【運営費（Opex）150万円＋年間負債支払額（ADS）399万円】÷総潜在収入（GPI）800万円＝68・63％

この損益分岐点（BE）68・63％が表しているのは、総潜在収入（GPI）800万円を100％として、運営費（Opex）150万円と年間負債支払額（ADS）399万円を足した549万円が68・63％を占めているということです。ということは、

100％－68・63％＝31・37％

は、空室になってもキャッシュフローがマイナスにならないということです。額でいうと、

総潜在収入（GPI）800万円×31・37％＝251万円

です。251万円は年額なので月額にすると、

251万円÷12カ月＝約21万円

月額約21万円ということは、総潜在収入（GPI）は月額にすると、総潜在収入（GPI）800万円÷12カ月＝約67万円なので1戸83750円の部屋が8戸というイメージです。1年間、8戸中2戸空いた場合、

8万3750円×2＝16万7500円／月

で約21万円を下回るので黒字です。8戸中3戸空いた場合、

8万3750円×3＝25万1250円

約21万円を上回るので赤字ということが分かります。この指標は税引前キャッシュフローで考えており、実際は税金も考慮しなければいけないのでもっと短い期間となりますが、税引前の考慮すべき指標の一つです。

基本的には、総潜在収入（ＧＰＩ）は年々下がるので、一度出したものがずっと使えるという比率ではなく、正確に考えるには算出をしたい年度ごとに計算する必要があります。

次に金融機関がよく見ている、年間負債支払額（ＡＤＳ）を１００％とした時に、営業純利益（ＮＯＩ）が何倍かを表す指標の負債支払安全率（ＤＣＲ：Debt Coverage Ratio）です。式は次のとおりです。

営業純利益（ＮＯＩ）÷年間負債支払額（ＡＤＳ）＝負債支払安全率（ＤＣＲ）

どれだけ負債を支払う能力が営業純利益（ＮＯＩ）にあるかということを計ります。１・３以上が安全や、１・２以上が安全など、伝える方によって差がありますが、当初１・３以上ないとＬＴＶが高い場合や後述するデッドクロス以降は、税引後キャッシュフロー

（ＡＴＣＦ）がマイナスになるケースも多いので注意が必要です。この負債支払安全率（ＤＣＲ）を前述の例で計算すると次のとおりです。

営業純利益（ＮＯＩ）６００万円 ÷ 年間負債支払額（ＡＤＳ）３９９万円＝１・50

営業純利益（ＮＯＩ）が年間負債支払額（ＡＤＳ）３９９万円の約１・５倍あるということを表しています。この負債支払安全率（ＤＣＲ）は、不動産単体ではもちろんのこと、所有している不動産全体で考え、キャッシュフローは多いが売却益の少ない物件と、キャッシュフローは少ないが売却益が多い物件を組み合わせるなどの戦略等にも使えます。

この項でお話しした損益分岐点（ＢＥ）と負債支払安全率（ＤＣＲ）は、いずれも単年度の分析に使用するものですが、一回不動産を購入すると単年度の繰り返しが最終的な結果となります。リターンに対する投資効率の攻めの要素だけではなく、損益分岐点（ＢＥ）と負債支払安全率（ＤＣＲ）のような健全性という守りの要素を確認することでキャッシュアウトフローを防いだり、次の一手を考える材料となります。

5 複利

単年度の収益に対して価値を比較するのが利益率でした。利回りとは、初期投資額に対して、単年度ではなく複数年度、売却の損益まで考慮し、複利で考えたらどうなるという考え方です。

複数年度、売却損益を考慮しないと本来の投資効率は分からないということは前項までお話ししましたが、ここで複利という考え方が出てきます。利回りの話に行く前に、複利とは何か考えていきましょう。

投資には、単利と複利という考え方があります。銀行にお金を預けるというのも倒産のリスクがあるので一種の投資です。この銀行の普通預金や定期預金に表示されている金利は単利でしょうか、複利でしょうか。銀行の金利は、複利の計算です。例えば100万円を3%の単利で10年間預けた場合と、複利で10年間預けた場合を比較してみましょう。

図2－6は単利で考えた場合です。100万円を預金すると1年ごとに100×3%＝3万円の利息が足されていきます。10年後には、3万円×10＝30万円の利息です。

図2－7は複利の場合です。100万円を預金すると、1年目は、単利と同じように3

図2-6

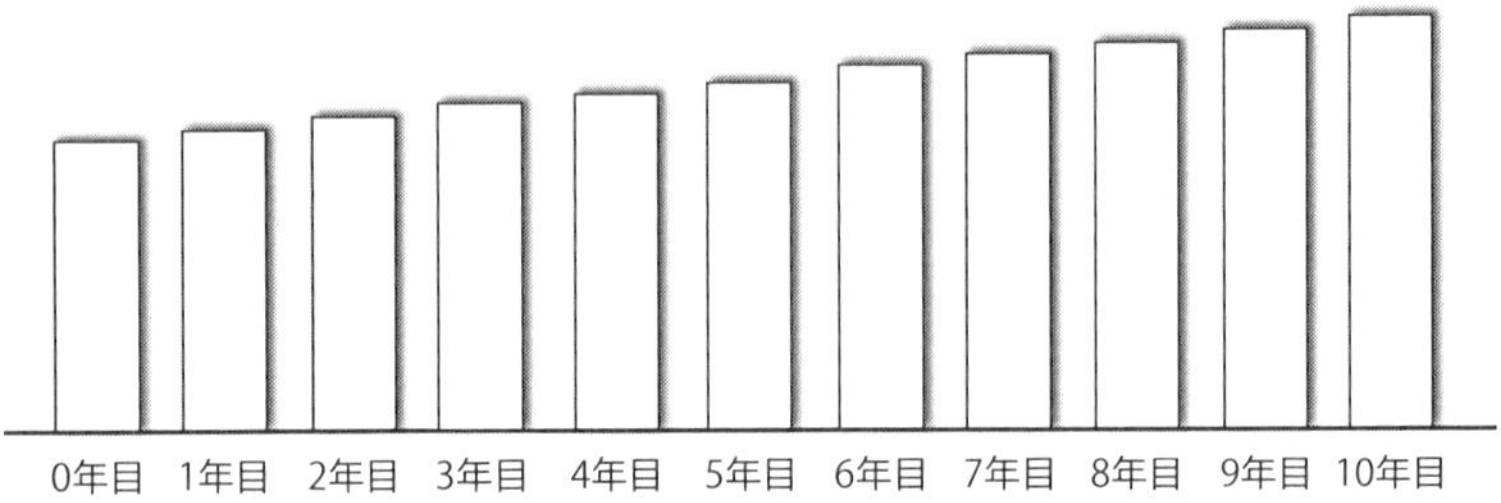

年数	金額	計算式
0年目	1,000,000	
1年目	1,030,000	1,000,000 + 1,000,000 × 0.03 × 1
2年目	1,060,000	1,000,000 + 1,000,000 × 0.03 × 2
3年目	1,090,000	1,000,000 + 1,000,000 × 0.03 × 3
4年目	1,120,000	1,000,000 + 1,000,000 × 0.03 × 4
5年目	1,150,000	1,000,000 + 1,000,000 × 0.03 × 5
6年目	1,180,000	1,000,000 + 1,000,000 × 0.03 × 6
7年目	1,210,000	1,000,000 + 1,000,000 × 0.03 × 7
8年目	1,240,000	1,000,000 + 1,000,000 × 0.03 × 8
9年目	1,270,000	1,000,000 + 1,000,000 × 0.03 × 9
10年目	1,300,000	1,000,000 + 1,000,000 × 0.03 × 10

第2章

図2－7

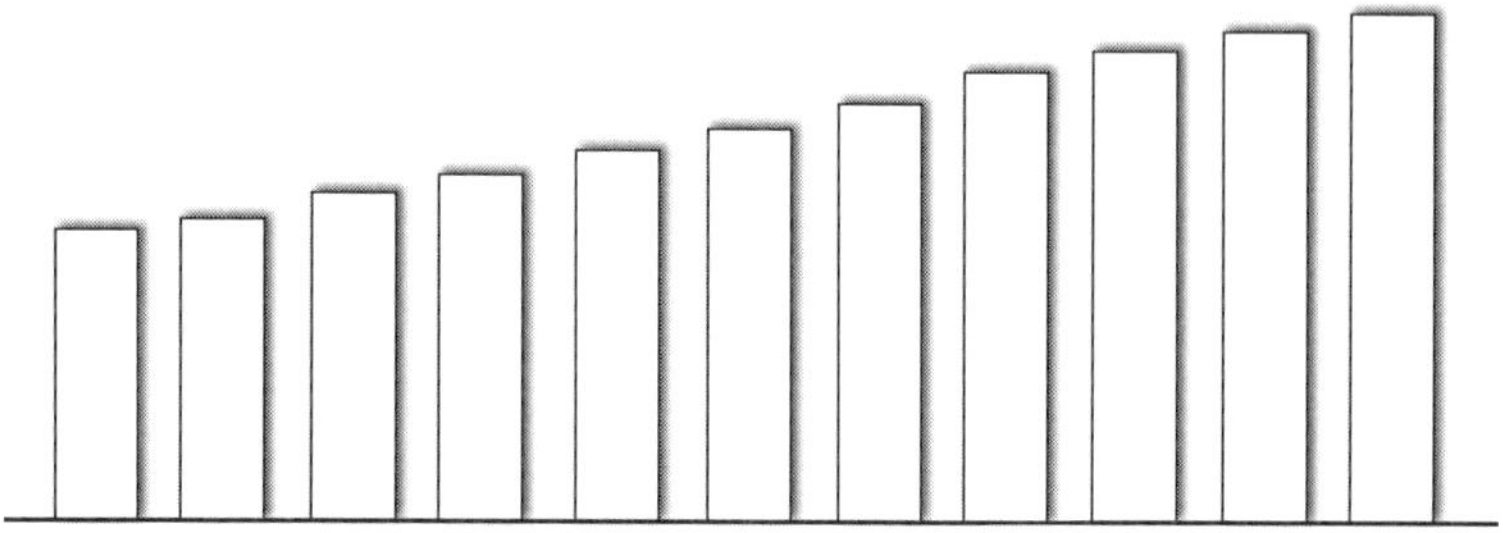

年数	金額	計算式
0年目	1,000,000	
1年目	1,030,000	$1,000,000 \times (1+0.03)$
2年目	1,060,900	$1,000,000 \times (1+0.03)^{2}$
3年目	1,092,727	$1,000,000 \times (1+0.03)^{3}$
4年目	1,125,509	$1,000,000 \times (1+0.03)^{4}$
5年目	1,159,274	$1,000,000 \times (1+0.03)^{5}$
6年目	1,194,052	$1,000,000 \times (1+0.03)^{6}$
7年目	1,229,874	$1,000,000 \times (1+0.03)^{7}$
8年目	1,266,770	$1,000,000 \times (1+0.03)^{8}$
9年目	1,304,773	$1,000,000 \times (1+0.03)^{9}$
10年目	1,343,916	$1,000,000 \times (1+0.03)^{10}$

万円の利息が足されます。2年目からは単利と違い、複利の場合は利息の3万円が足された103万円に対して3％が足され、106万900円になります。3年目以降も利息が足された後の額に3％が足されていきます。10年後には134万3916円となり、単利とは4万3916円の差が生まれます。

このように単利の計算と複利の計算では計算方法が異なるので、比較はできないことが分かります。不動産投資を検討する際に「銀行に預けても○○％にしかならないけど、不動産投資だと□□％の利回りになる」というようないい方で表面利回りや実質利回りという数字を使ったりしますが、複利の預金金利と単利の不動産投資を比べているので、同じ土俵ではないものを比較しようとしていることが分かります。

不動産投資を検討する際にも、預金金利と比較してリターンが良いから投資するという判断をするには複利の計算に直す必要があります。例えば、図2－7で10年目の金利は、

100万円 ×（1＋0・03）^{10} ＝134万3916円

で、計算を行いました。

不動産投資の場合、この当初預金した100万円が初期投資額で、10年後に得られる利

図2－8

IRR法

$$PV = \sum_{k=1}^{n} \frac{Ck}{(1+r)^k} + \frac{Cn+FV}{(1+r)^n}$$

項目	意味
PV	初期投資額
C	キャッシュフロー
FV	売却損益
Σ	合計する

項目	意味
n	n年目
k	kから始まる
r	内部収益率（IRR）

息と元本の1344万3916円が得られるキャッシュフローと売却損益、求めたいのは投資効率は0・03（3％）という金利の部分が何パーセントになるかというものです。そうすれば金利と比べることができます。

この計算が利回りで使う複利の考え方です。

6 利回り

利回りは、前項の複利の考えを用いたDCF法の内部収益率（IRR：Internal Rate of Return）という方法を使って利回りの計算をします。式は、図2－8のようになります。

前項で説明した金利でいう0・03（3％）の部分がrで、rが内部収益率（IRR）です。実際に計算をしてみましょう。先ほど太陽光発電と区分所有マンションの比較を図2－3で行いましたが、この区分所有マンションの内部収益率（ＩＲＲ）を計算すると、５・10％になります。初年度に対しての収益率は６％でしたので、数字が下がりました。家賃と売却価格の下落を考慮したので、数字が下がったのです。このように初年度に対する収益率だけでなく複数年度で売却損益まで考えると、見えていなかった投資効率が見えてきます。

もう一つ１章「８　時価と簿価の貸借対照表（Ｂ／Ｓ）」で見た土地からアパートやマンションを建築する例で考えてみましょう。もう一度条件を整理します。

土地価格　１億円
建物の総事業費　１億円
合計の初期投資額　２億円
営業純利益（ＮＯＩ）８００万円

＊新築から10年間は、営業純利益（ＮＯＩ）が年間で１％下落するダウンサイドリスクを想定。売却時は、投資家が７％で購入するエリアと想定。

図２－９に数字をまとめています。このケースでは、内部収益率（ＩＲＲ）は▲（マイナス）１・30％です。累積の額を見ても分かりますが、10年間では初期投資額の２億円を稼ぎきることはできないと分かります。▲１・30％だったら、銀行がいくら低金利でも銀行

図2－9

	支出	営業純利益（NOI）	売却損益	合計	累積
0年目	-200,000,000			-200,000,000	-200,000,000
1年目		8,000,000		8,000,000	-192,000,000
2年目		7,920,000		7,920,000	-184,080,000
3年目		7,840,800		7,840,800	-176,239,200
4年目		7,762,392		7,762,392	-168,476,808
5年目		7,684,768		7,684,768	-160,792,040
6年目		7,607,920		7,607,920	-153,184,120
7年目		7,531,841		7,531,841	-145,652,278
8年目		7,456,523		7,456,523	-138,195,756
9年目		7,381,958		7,381,958	-130,813,798
10年目		7,308,138	103,357,951	110,666,089	-20,147,709

IRR	-1.30％

に預けていたほうが効率が良いことが分かります。1億円の総事業費の建物を建築して、銀行の金利より低いどころか▲1・30％という投資効率ということが最初から分かっていれば、違う投資を選択したほうが良いことは明白です。

今回は、10年後に売却する計算で行いましたが、実際に売却をしなくても売却を想定した場合の価値を入れて計算をすることで投資の効率を見ることができます。

このように**複数年度、売却損益を考慮することで、大きなマイナスを見過ごすことなく、複利の計算をすることで銀行の金利と比べて有利な選択なの**

か、**不利な選択なのかという比較**ができるようになるのです。

内部収益率（ＩＲＲ）は、金融電卓やエクセルで簡単に求めることができます。

7 複利のレバレッジ

不動産投資が有価証券などの他の投資と比べて優れている点として、借入をして投資をすることで、手元にある現金よりも規模の大きい投資を行うことができるという点があります。上手に使えば、借入がない時よりも収益性が上がります。これをレバレッジ（てこの原理）といいます。

ただし気をつけたいのは、使い方によっては収益性が下がるということです。借入をすれば全ての状況でプラスにレバレッジが働くのではなく、正のレバレッジの効果もあれば、負のレバレッジの効果もあります。そのため、正のレバレッジを効かせ不動産投資を行うためには、レバレッジの仕組みを正しく理解する必要があります。

「3　利益率」の自己資金配当率（ＣＣＲ）で、利益率のレバレッジという話がありました。自己資金配当率（ＣＣＲ）はあくまでも単年度の収益率なので、初年度の営業純利益（ＮＯＩ）に対して、レバレッジがかかるか、かからないかという話です。不動産投資を考える際には、複数年度、売却損益で考え、複利で計算することが必要だということを前項まででお話ししました。このレバレッジに関しても、初年度の収益だけでなく複数年度、売却損益で考え、複利で計算することが必要なので確認していきましょう。

図2‐10は、「3　利益率」の自己資金配当率（ＣＣＲ）の例にある営業純利益（ＮＯＩ）600万円を10年間一定にして、自己資金配当率（ＣＣＲ）を計算したものです。初年度こそ自己資金配当率（ＣＣＲ）は16・44％ですが年々値は下がり、10年目には5・86％になっていることが分かります。この変化は手元に入る収益しか見ていないと気づきにくいですが、年間負債支払額（ＡＤＳ）の中の元金返済部分が借入残高から減り、自己資金が増えるとともに返済期間の減少によるローン定数が増加する場合、効率が下がってくるのです。

このように初年度の自己資金配当率（ＣＣＲ）しか見ないと、良い部分を切り取って見てしまうような事態が起こります。初年度の収益に対する利益率だと、捉えるべきものが捉えられなくなるので、違う方法でレバレッジを考える必要があります。そのためには、複数年度で売却損益まで考慮した内部収益率（ＩＲＲ）でレバレッジも考えることが必要です。内部収益率（ＩＲＲ）でレバレッジを考える時には、内部収益率（ＩＲＲ）と金利を比べます。金利は、事務手数料などを考慮した実行金利を本来は使います。実行金利は、

自己資金比率	LTV	還元利回り (Cap Rate)	ローン定数 (K%)	イールドギャップ(YG)	税引前 CF	自己資金配当率(CCR)
10.00%	90.00%					
12.21%	87.79%	6.00%	4.44%	1.56%	2,008,110	16.44%
14.47%	85.53%	6.00%	4.55%	1.45%	2,008,110	13.88%
16.77%	83.23%	6.00%	4.67%	1.33%	2,008,110	11.97%
19.12%	80.88%	6.00%	4.80%	1.20%	2,008,110	10.50%
21.52%	78.48%	6.00%	4.94%	1.06%	2,008,110	9.33%
23.96%	76.04%	6.00%	5.09%	0.91%	2,008,110	8.38%
26.45%	73.55%	6.00%	5.25%	0.75%	2,008,110	7.59%
29.00%	71.00%	6.00%	5.43%	0.57%	2,008,110	6.92%
31.59%	68.41%	6.00%	5.62%	0.38%	2,008,110	6.36%
34.24%	65.76%	6.00%	5.84%	0.16%	2,008,110	5.86%

普通のローン電卓では計算することができず、金融電卓という電卓もしくはエクセルが必要になります。例えば、借入額9000万円、金利2%、返済期間30年の借入の時に事務手数料が16万2000円だと、実行金利は2・01%です。ここでは簡便に、実行金利でなく金利で考えていきましょう。

図2－11は、先ほどの例で内部収益率（IRR）を計算したものです。このケースでは、借入をしない内部収益率（IRR）は6%です。金利は2%、内部収益率（IRR）のほうが金利を上回っています。このケースだと、上の借入をしていない状態の内部収益率（IRR）6%から、下の借入をした状態だと26・76%に上が

図２－10

	営業純利益（NOI）	年間負債支払額（ADS）	元金返済	借入残高	自己資金
0 年目				90,000,000	10,000,000
1 年目	6,000,000	3,991,890	2,212,095	87,787,905	12,212,095
2 年目	6,000,000	3,991,890	2,256,744	85,531,161	14,468,839
3 年目	6,000,000	3,991,890	2,302,295	83,228,866	16,771,134
4 年目	6,000,000	3,991,890	2,348,766	80,880,100	19,119,900
5 年目	6,000,000	3,991,890	2,396,174	78,483,926	21,516,074
6 年目	6,000,000	3,991,890	2,444,539	76,039,387	23,960,613
7 年目	6,000,000	3,991,890	2,493,881	73,545,506	26,454,494
8 年目	6,000,000	3,991,890	2,544,218	71,001,288	28,998,712
9 年目	6,000,000	3,991,890	2,595,571	68,405,717	31,594,283
10 年目	6,000,000	3,991,890	2,647,961	65,757,756	34,242,244

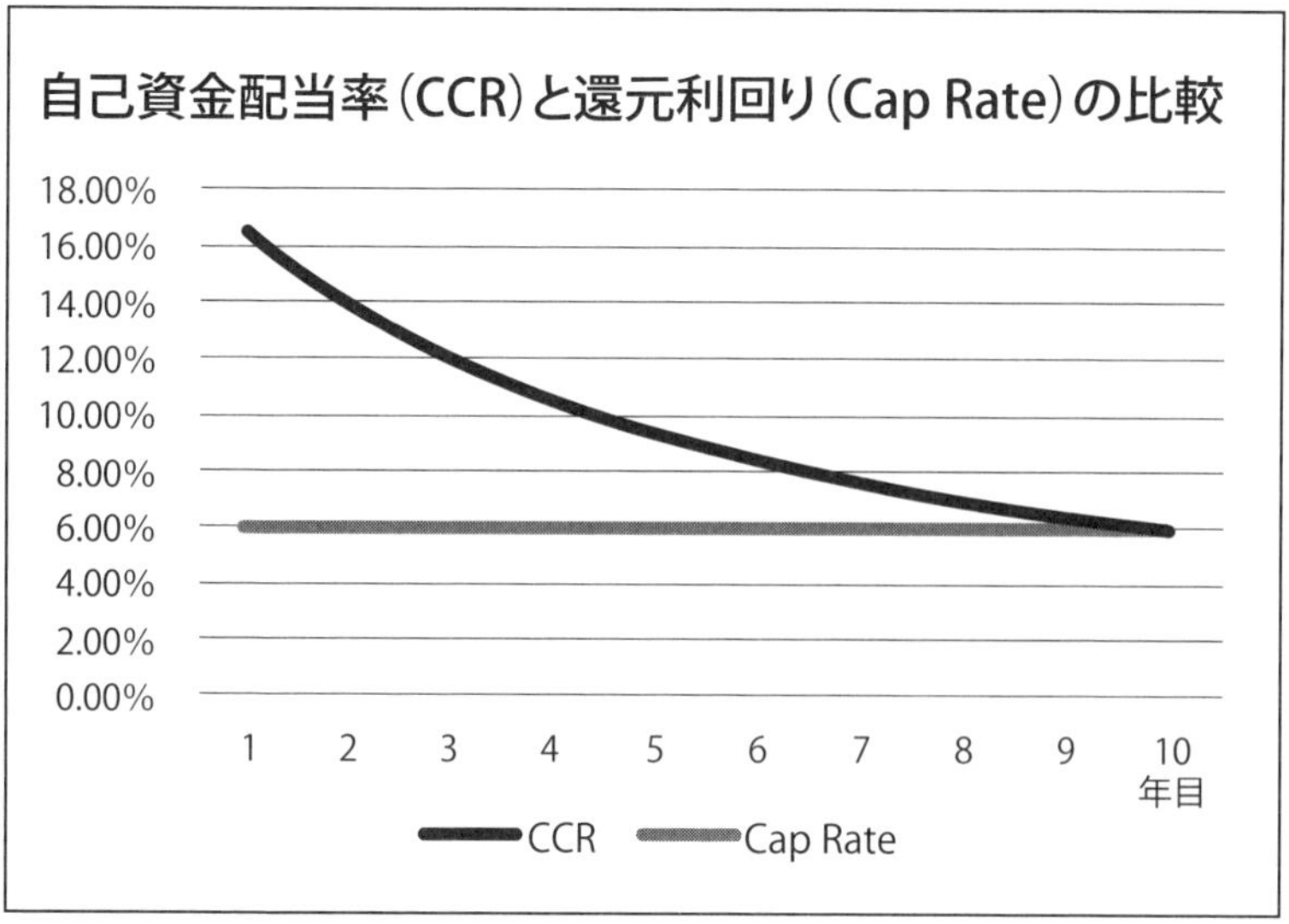

りました。このように借入を上手に使うと正のレバレッジがかかり、利回りを飛躍的に上げることができるのです。

反対にマイナスのレバレッジがかかる例を見てみましょう。「6 利回り」の例で図2－9のマイナスの内部収益率（IRR）を考えてみましょう。再度、前提を整理します。

初期投資額　2億円
営業純利益（NOI）　800万円
売却価格　1億3355万7951円

この条件で建物の総事業費1億円と同じ1億円の借入で考えてみましょう。

借入金額　1億円
金利　2％
返済期間　30年
年間負債支払額（ADS）　443万5433円
10年後の借入残高　7306万4172円

図２－11

■借入をしない場合の内部収益率（IRR）

	支出	営業純利益（NOI）	売却損益	合計	累積
0年目	-100,000			-100,000	-100,000
1年目		6,000		6,000	-94,000
2年目		6,000		6,000	-88,000
3年目		6,000		6,000	-82,000
4年目		6,000		6,000	-76,000
5年目		6,000		6,000	-70,000
6年目		6,000		6,000	-64,000
7年目		6,000		6,000	-58,000
8年目		6,000		6,000	-52,000
9年目		6,000		6,000	-46,000
10年目		6,000	100,000	106,000	60,000

IRR	6.00%

■不動産の価額に対する借入額の割合（LTV）90%で借入をした場合

	支出	税引前 CF	売却損益	合計	累積
0年目	-10,000			-10,000	-10,000
1年目		2,008		2,008	-7,992
2年目		2,008		2,008	-5,984
3年目		2,008		2,008	-3,976
4年目		2,008		2,008	-1,968
5年目		2,008		2,008	41
6年目		2,008		2,008	2,049
7年目		2,008		2,008	4,057
8年目		2,008		2,008	6,065
9年目		2,008		2,008	8,073
10年目		2,008	34,242	36,250	44,323

IRR	26.76%

税引前キャッシュフロー（ＢＴＣＦ）　３５６万４５６７円
10年後の売却価格－借入残高　３０２９万３７７９円

が借入れに関する追加の情報です。

図２－12が数字をまとめたものです。借入前の内部収益率（ＩＲＲ）は、▲１・30％で金利２％を下回っています。そのため、借入後の内部収益率（ＩＲＲ）は▲５・19％と借入前の内部収益率（ＩＲＲ）よりも悪化しています。このように複数年度、売却損益を考えた内部収益率（ＩＲＲ）と複利のレバレッジを間違えた方向で使うとマイナスのレバレッジがかかり、資産をより多く失ってしまうのです。

ここまでの説明で難しく感じた方も少なくないと思います。簡単にいえば、安く仕入れて高く売るということです。リンゴを安く農家から仕入れて、仕入れた金額よりも高く一般の顧客に売れば利益が出るのと原理は同じです。リンゴを安く仕入れるのが金融機関からの借入、一般の顧客に販売するのがキャッシュフローと売却損益です。安く買って高く売ればより多くの利益が得られるし、仕入れた金額より安い金額で売ってしまうと損をしてしまいます。

図 2 - 12

	支出	営業純利益(NOI)	売却損益	合計	累積
0年目	-200,000,000			-200,000,000	-200,000,000
1年目		8,000,000		8,000,000	-192,000,000
2年目		7,920,000		7,920,000	-184,080,000
3年目		7,840,800		7,840,800	-176,239,200
4年目		7,762,392		7,762,392	-168,476,808
5年目		7,684,768		7,684,768	-160,792,040
6年目		7,607,920		7,607,920	-153,184,120
7年目		7,531,841		7,531,841	-145,652,278
8年目		7,456,523		7,456,523	-138,195,756
9年目		7,381,958		7,381,958	-130,813,798
10年目		7,308,138	103,357,951	110,666,089	-20,147,709

IRR	-1.30%

	支出	税引前 CF	売却損益	合計	累積
0年目	-100,000,000			-100,000,000	-100,000,000
1年目		3,564,567		3,564,567	-96,435,433
2年目		3,564,567		3,564,567	-92,870,866
3年目		3,564,567		3,564,567	-89,306,299
4年目		3,564,567		3,564,567	-85,741,732
5年目		3,564,567		3,564,567	-82,177,165
6年目		3,564,567		3,564,567	-78,612,598
7年目		3,564,567		3,564,567	-75,048,031
8年目		3,564,567		3,564,567	-71,483,464
9年目		3,564,567		3,564,567	-67,918,897
10年目		3,564,567	30,293,779	33,858,346	-34,060,551

IRR	-5.19%

8 損益計算とキャッシュフローの黒字の違い

第1章「7　損益計算書（P／L）とキャッシュフローの関係」でも触れましたが、損益計算とキャッシュフローでは、含める項目と、含めない項目に違いがありました。損益計算には減価償却を含み、キャッシュフローには年間負債支払額（ADS）の元金返済が含まれているということです。この減価償却と元金返済額は、年々数字が変わります。この減価償却と元金返済の関係を考えていない場合では、損益計算上は黒字なのに、キャッシュフローでは赤字という状況も散見します。この減価償却と元金返済の関係もしっかりと捉え、不動産投資を有利に進めましょう。

まず減価償却から考えていきます。土地は経年劣化で価値を失わないのに対して、建物は経年劣化により価値が目減りしていきます。減価償却は、損益計算上、不動産を土地と建物部分に分け、その経年劣化による価値の減少分を決められた年数で価値を目減りさせて、目減りさせた分は費用として計上しましょうというシステムです。

例えば、1億円の総事業費の建物があるとします。この1億円を決まった年数で費用計上していきます。まず、1億円を建物の部分と設備の部分に分けます。新築の場合、

建物7：設備3

で分けることが多いので、ここでも建物7000万円、設備3000万円で考えましょう。建物は、構造により耐用年数が違います。

構造別の耐用年数（住宅用の場合）は次のとおりです。

木造　22年
鉄骨造（S造）（骨格材の厚さ3㎜以下）　19年
鉄骨造（S造）（骨格材の厚さ4㎜以下）　27年
鉄骨造（S造）（骨格材の厚さ4㎜超）　34年
鉄骨鉄筋コンクリート造、鉄筋コンクリート造（SRC造、RC造）　47年

＊構造別の耐用年数、中古の場合の耐用年数の計算方法は巻末6に記載しましたので、必要な時に確認してください。

今回の建物が鉄筋コンクリート造（RC造）だった場合の耐用年数は47年、7000万円を47年で減価償却していくということになります。設備部分は、大きく捉えると耐用年

数は15年です。この設備部分の15年の減価償却は、現在は定額法という償却方法のみですが、以前は定率法という方法も選択できました。初めの何年かは定率法のほうが減価償却費の額が大きくなるので、定率法を好んで選択する方が多かったのですが、現在は定額法のみの選択となっています。

＊定額法は、３０００万円であれば３０００万円を15年で割って同じ額を減価償却していく方法。定率法は、当初の３０００万円という金額から減価償却をした累計額を引いたものに決まった率（償却率）をかけ、減価償却額を計算する方法。

次に元金返済は、借入を元利均等返済という方法で返済すると、返済額は一定となり、返済額の内訳の利息支払部分と元金返済部分の割合が変化していきます。図２－10をご覧いただいても年間負債支払額（ＡＤＳ）は一定なのに対して、元金返済の額が年々増えているのが分かります。

借入をすると最初は利息の支払いばかりで借金が減らないと聞くことがあります。最初は利息の支払いが多く元金の支払いが少ないので利息の支払いが多いのが悪いことのように聞こえますが、毎年のキャッシュフローで考えると、そうでもありません。同じ支払い額の中で利息が多いということは、損益計算上の経費が多いから税金が少ないということです。そして返済が進むにつれて利息の支払いが減るので、損益計算上の経費が減り税金が増えるのです。税金は増えたり減ったりしますが、この間、年間負債支払額（ADS）は変わりません。ここが注意点です。実際に、お金を支払っていないのに経費に計上できる減価償却が年々減っていくのと、実際にお金を払っているのに経費に計上できない元金が増えていく現象が同時に時間の経過とともに起こります。そのため、空室の損失や運営費（Opex）が全く同額だとしても税引後のキャッシュフローは変化していくのです。

図2－13のグラフは、設備が定率法の場合と定額法の場合の減価償却と元金返済を表したものです。減価償却は多いほう、元金支払は少ないほうが所得税の計算上有利です。当初は、定率法、定額法どちらの場合で見ても有利な状況にあるのが分かります。しかし、年々数字が変わり、減価償却と元金返済が逆転していきます。逆転する前の状況では、減価償却と元金返済の差が所得税の計算上有利で、逆転した後は不利になります。減価償却と元金返済の線が交わり、有利、不利の境が決まる点をデッドクロスといいます。

話がそれますが、よく「不動産は減価償却ができるから節税になる」という方がいます。その場合このデッドクロスの前の状況を節税といいます。ただし、節税といわれる減価償却で費用計上をした分は、売却の際は帳簿上の建物価格が下がり、帳簿上の土地と建物の価格と売却額の差が譲渡益となり、譲渡税がかかります。そのため、減価償却は節税ではなく、売却損益を含めたキャッシュフローの早い段階で税金を少なくする効果がある課税

図2－13

■設備が定率法の場合の減価償却と元金返済

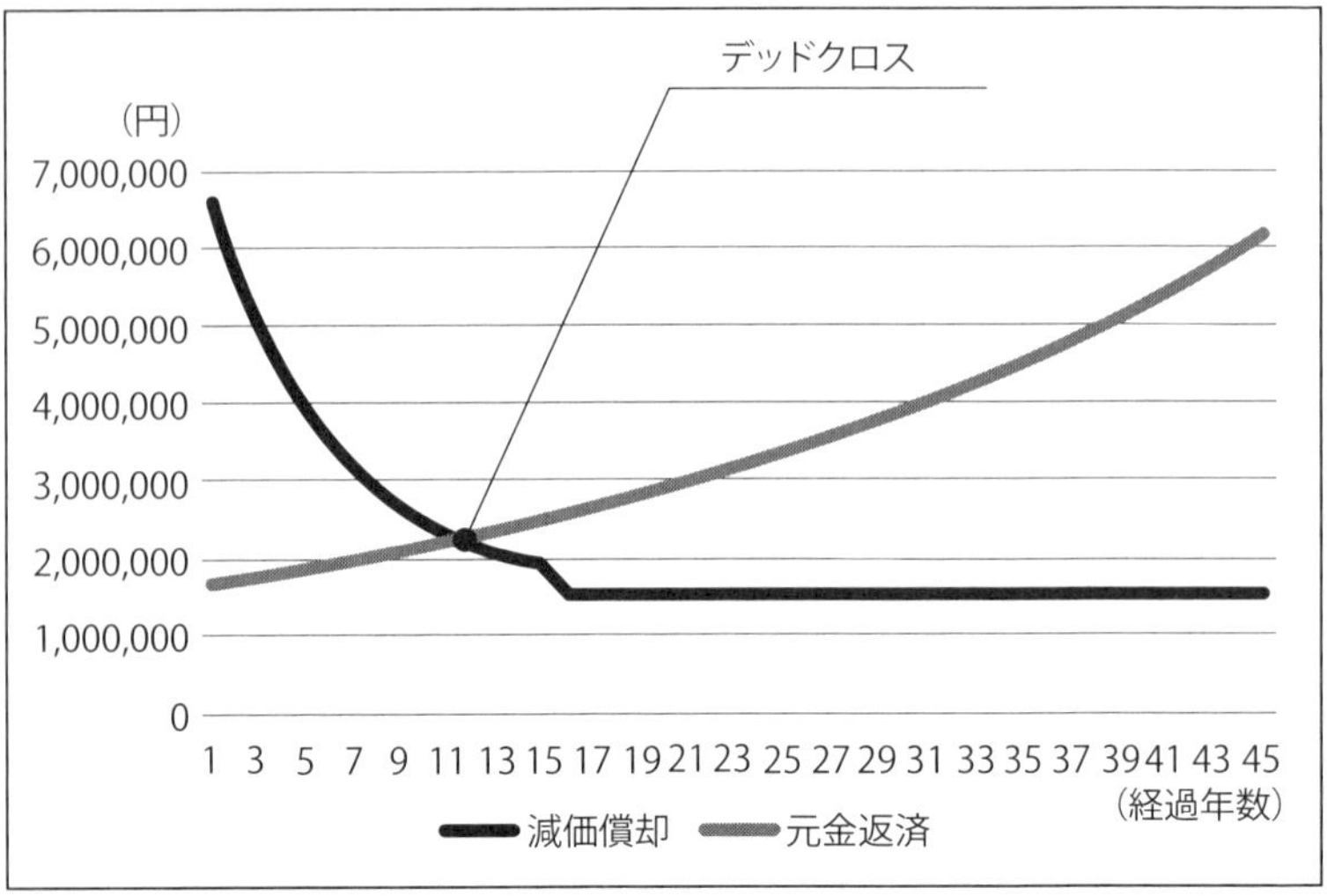

■設備が定額法の場合の減価償却と元金返済

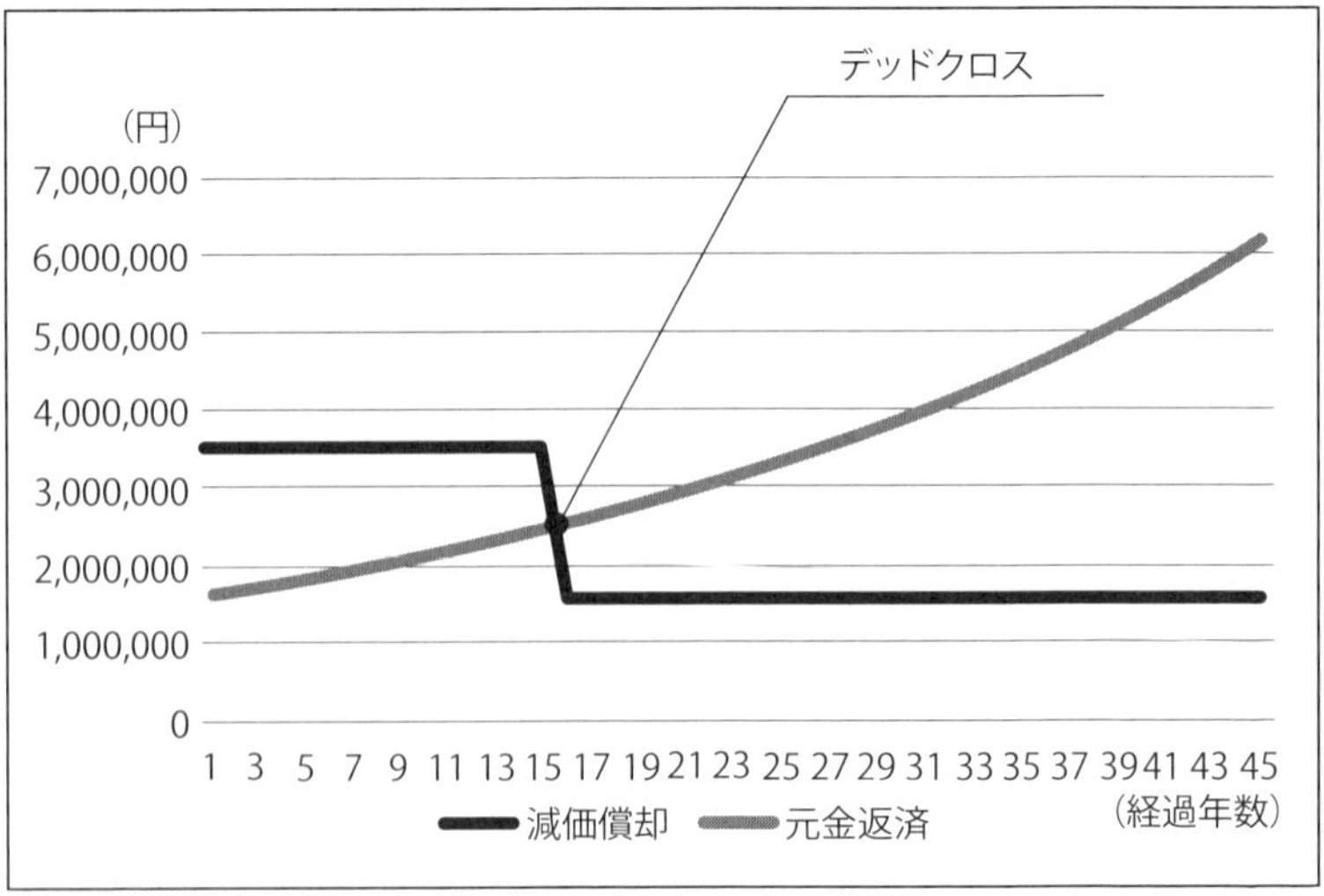

の繰り延べであって節税ではないということです。

話を戻すと、この減価償却と元金返済の関係を考慮していないと、収入を増やすつもりの不動産投資が、キャッシュフローがマイナスになり手出しをしなければいけない状況にもなりかねないので注意しましょう。設備部分の15年の耐用年数の前の12~14年位でデッドクロスは起こることが多いので、デッドクロスまでのキャッシュフローの蓄積がどのくらいで、そのキャッシュフローを再投資するのか、繰り上げ返済に当てるのか、大規模修繕の費用にするのか、いずれにしても計画的に使ったり、貯めたりすることがポイントになっていきます。

9 本章のまとめ

この第2章では、利益率や利回り、レバレッジやデッドクロスなどを見てきました。ここで説明した内容が数字遊びになってしまってはいけないので、ここでしっかりと確認をしていきましょう。

まず、不動産投資、賃貸経営を考える際には、**初年度の収益率ではなく、複数年度、売却損益を考慮し、複利の考えの内部収益率（IRR）で考えましょう**という話でした。内部収益率（ＩＲＲ）を計算する際にはまず借入前の内部収益率（ＩＲＲ）を計算します。借入前の内部収益率（ＩＲＲ）の途中の損益は、営業純利益（ＮＯＩ）を使います。営業純利益（ＮＯＩ）は、年間負債支払額（ＡＤＳ）や以降の数字と違い、物件が本来持っている稼ぐ力です。物件が持っている稼ぐ力の内部収益率（ＩＲＲ）をまず出して、その内部収益率（ＩＲＲ）と金利を比較して内部収益率（ＩＲＲ）のほうが高ければ、正のレバレッジが、低ければ負のレバレッジがかかります。借入前の内部収益率（ＩＲＲ）と金利を比較したレバレッジを確認してから借入後の内部収益率（ＩＲＲ）、税引後の内部収益率（ＩＲＲ）を確認します。その過程では、構造や築年数によって減価償却の耐用年数や借入期間が変わり、デッドクロスはいつなのか、何年間所得税の計算上有利な期間があり、その間にキャッシュフローをどのくらい蓄積できるのかを確認します。

このように借入前の内部収益率（ＩＲＲ）で物件に稼ぐ力はあるのか、プラスのレバレッジがかかるのかを踏まえ、税引後のキャッシュフローで内部収益率（ＩＲＲ）を計算し、不動産投資の効率を計る基礎となっていきます。

では、この内部収益率（ＩＲＲ）を計算する際の構成要素が分かれば、出発点である不動産が稼ぐ力が見えてくるということです。内部収益率（ＩＲＲ）を計算した図２－12を見てもらうと構成要素としては、

①支出（初期投資額）
②営業純利益（ＮＯＩ）または税引前キャッシュフロー（ＢＴＣＦ）などの途中の損益
③売却損益

の３つしかないことが分かります。要はこの３つの要素が、不動産の稼ぐ力を確認して購入の判断をしたり、既に持っている不動産のパフォーマンスを最大化するためにはどうすれば良いのか、それとも売却してしまったほうが良いのかなどの選択肢を考えることができる基礎ということです。次章以降はこれを

初期投資＝入口
途中の損益＝保有期間
売却損益＝出口

として、それぞれの押さえるべきポイントを見ていきましょう。

第3章

入口（購入・建築）

1　不動産の価値

不動産投資の入口を考える際に、不動産の価値について考えていきましょう。物件の価値は基本的には、

営業純利益（ＮＯＩ）÷還元利回り（Cap Rate）

で決まります。

還元利回り（Cap Rate）とは、投資家がいくらで買うのかという利益率のことです。還元利回り（Cap Rate）が物件個別に決まる際には「現在のライバル物件」「賃貸の募集状況」「見た目」「設備」「築年数」「どのくらいの融資が組めるのか」などのさまざまな要因がこの比率に入っています。

ここで押さえたいポイントは、価格ではなく価値ということです。物件価格は、表面上に出ている金額ですが、これはあくまで売主の言い値です。よく「指値（金額交渉）をして、○○万円下げてもらって買った」ということを自慢しているような方もいますが、他

の第三者も購入する金額である価値で考えると、割高に買っているケースも多くあります。良い物件の場合は複数の申し込みが入り、当初より金額が買い上がっていくこともあるのです。そのため、指値（金額交渉）＝割安に購入できた、とは限らないことに注意しましょう。

物件の価値は、今いくらで売れるかという価格です。価値に対する感覚は、物件の数を見たり、不動産の市場のトレンドを掴むために情報収集をしたり、川上の情報を掴みに行ったり、人が気づかないような手の加え方をすることで家賃を上げる、空室損失を下げる、運営費を下げることで営業純利益（ＮＯＩ）が上がり、結果として価値が上がるなど、方法を知っているかどうか、経験値や行動量によって人それぞれ異なります。

投資家、経営者としての裁量が他の投資よりも強く、さまざまな行動で相場観を養ったり、いろいろな経験で独自のノウハウを蓄積できるため、ミドルリスク・ミドルリターンにもハイリスク・ローリターンにもなるのです。**不動産投資、賃貸経営を成功させるか否かは、不動産に投資をすることで、資産を殖やすという機会（チャンス）と、予測があたるか分からないという不確実性であるリスクをいかにコントロールするかにかかっています。**

2 不動産投資の類型

不動産投資の方法にはいくつかの類型があります。都心か地方か、区分か1棟かなどの話よりもっと大きく、どのようなリターンを得る方法なのかということで考える括りです。

ここまで、不動産投資は基本的に次の3つの構成要素でできているという話をしました。

①初期投資額
②途中の損益
③売却損益

図で表すと、図3－1のようになります。この図で考えながら、類型を考えていきましょう。

類型の基本は、

『コア（Core）』
『バリューアッド（Value Added）』

図３－１

『オポチュニティ（Opportunity)、オポチュニスティック』があります。

まず『コア（Core)』ですが、インカムゲイン重視の投資スタイルのことです。基本的には図３－１の形をそのままに目標とする内部収益率（ＩＲＲ）が達成されるかという投資判断をする方法です。

次に『バリューアッド（Value Added)』ですが、期中の損益を上げる投資方法です。例えば、現在の管理状態が良くないから管理状態を良くし、空室損失や運営費を下げることで営業純利益（ＮＯＩ）を上げる、付加価値をつけて営業純利益（ＮＯＩ）を上げるなど、収益性を上げる投資の方法です。

最後に『オポチュニティ（Opportunity)、オポチュニスティック』ですが、市場動向に基づいたキャピタルゲインを狙った投資方法です。図でいうところの「売却損益を高めること」です。

リスクとリターンの関係では、リスク、リターンともに

コア ∧ バリューアッド ∧ オポチュニスティック

という関係です。

この3つが投資方法の基本です。投資家、経営者が投資スタンスや経験値、好みを照らし合わせて、3つのどれかを複合的に考えるなどの投資を行います。都心か地方か、区分か1棟かなどを考えていた方も、自分の考えがどこかに当てはまることが分かると思います。

3 不動産投資のタイミング

不動産投資の類型で『オポチュニティ（Opportunity）、オポチュニスティック』は、市場動向に基づくキャピタルゲイン狙いの投資方法でした。**不動産投資の入口を考える時も、出口を考える時もこの市場動向は非常に重要になります。**

図３－２

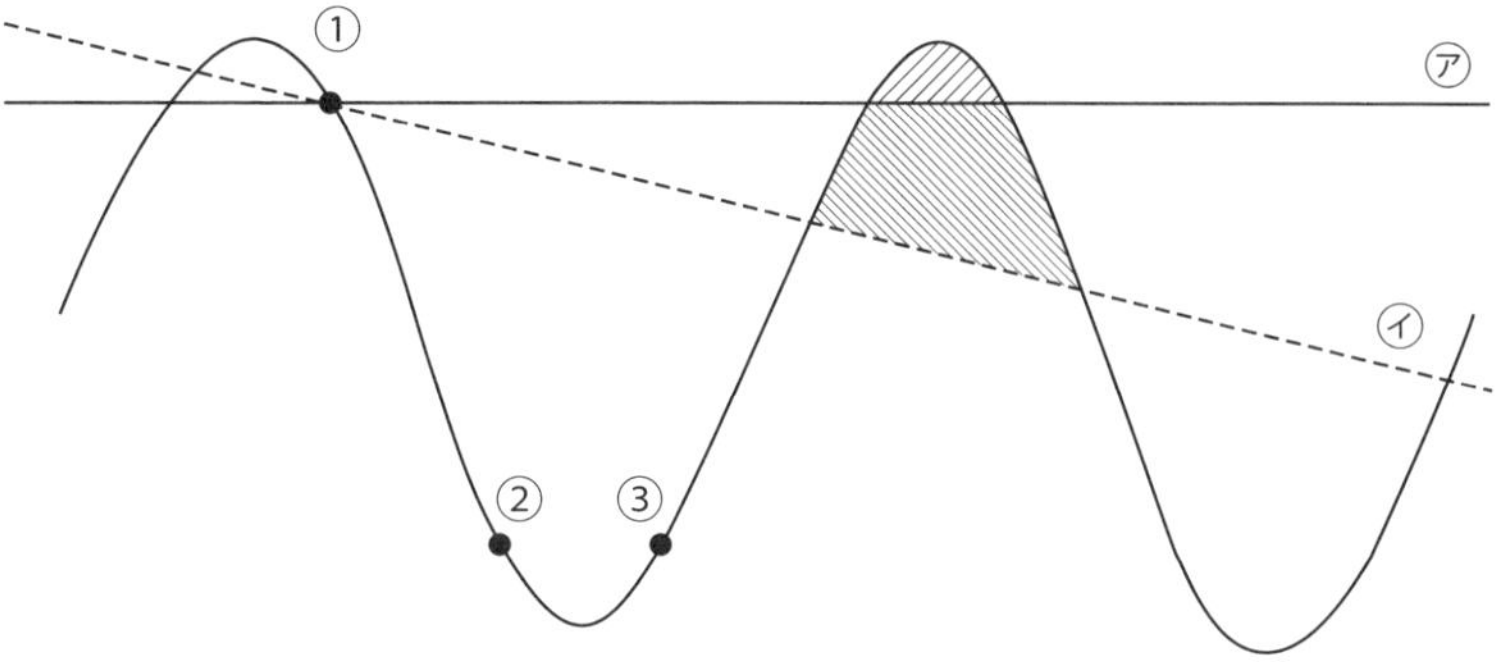

市場動向を考えるには、図３－２のように考えると良いでしょう。好景気か不景気か、不動産相場が高いか低いかというのは後から結果の出る問題なのでそのタイミングで絶対という答えはありませんが、不動産の相場はおおむね図３－２のような曲線を描いています。

例えば、①の点の状況を考えてみましょう。これが不動産投資ではなく株であれば、①で買った株は、線㋐を伸ばした次の山の上の部分しか売却するタイミングはありません。つまり、線㋐が損益分岐点です。不動産投資の場合は株とは違い、キャッシュフローがあるので、線㋑のように将来に向かい損益分岐点が下がります。線㋑よりも上の部分であればゼロ以上の成績です。このような観点でも不動産投資は株と違いキャッシュフローがあるのでミドルリスク・ミドルリターンなのです。『オポチュニティ（Opportunity）、オポチユニスティック』は、点②や③などの不動産相場がこれから値上がりするというタイミングで物件を購入し、より高い売却損益を狙えるタイミングで売却する投資方法などです。

当然『コア（Core）』にしろ、『オポチュニティ（Opportunity）』、オポチュニスティック』にしろ、点①で不動産投資を始めるよりも、点②や③で始めたほうが成功する確率やリターンは大きくなります。裏を返すと、せっかく点②や③で買っても、売却という出口を取るまでは、投資として成功か失敗かは分からないということです。

不動産投資という全体で考えるとこのような市場動向になりますが、一つひとつの物件を見ると、『バリューアッド（Value Added）』でしっかりと稼げる物件はゴロゴロしています。ある投資家が駅近だけど数字が合わないと思っている物件があるとしても、別の投資家は簡易宿泊所や民泊として使うと、営業純利益（ＮＯＩ）が上がりそうだなとか、外観や内観のイメージを刷新して家賃を上げられそうだなとか、さまざまな方法があるはずです。

相場が高い時期だから絶対買わないということではなく、相場が高い時期だからこそ、何をすべきなのか、何を学ぶべきなのかをしっかりと考えて行動することでさまざまな投資機会に巡り合い、気づくことができます。

4 不動産投資のリスク

ここまでで「不動産投資はリスクとリターンのコントロールが大事」という話をしてきましたが、不動産投資のリスクにはどのようなものがあるのでしょうか。不動産投資、賃貸経営は数多く繰り返されているので、ある程度体系化されている部分もあります。

図3－3では、入口である取得、保有期間の保有・運用、出口である売却までのリスクをまとめたものです。取得もリスクが多いですが、特に保有・運用期間でのリスクが多いことが分かります。ただし、事前に調査、準備、経営上の運用でカバーできる点も多いのです。図3－1の入口である初期投資額、保有期間である途中の損益の部分の多くはコントロールができます。つまり入口と保有期間のリスクのコントロールは経営の要素が強いのです。売却時の売却価格を左右する相場は自分でコントロールすることは不可能です。

そのため、投資のタイミングを考慮するのか、保有期間に営業純利益（ＮＯＩ）を上げる施策をするのか、売却時の還元利回り（Cap Rate）にマイナスの変動があっても対応し得るシナリオを、自分の中で作っておくことが重要といえます。

第3章

図3－3

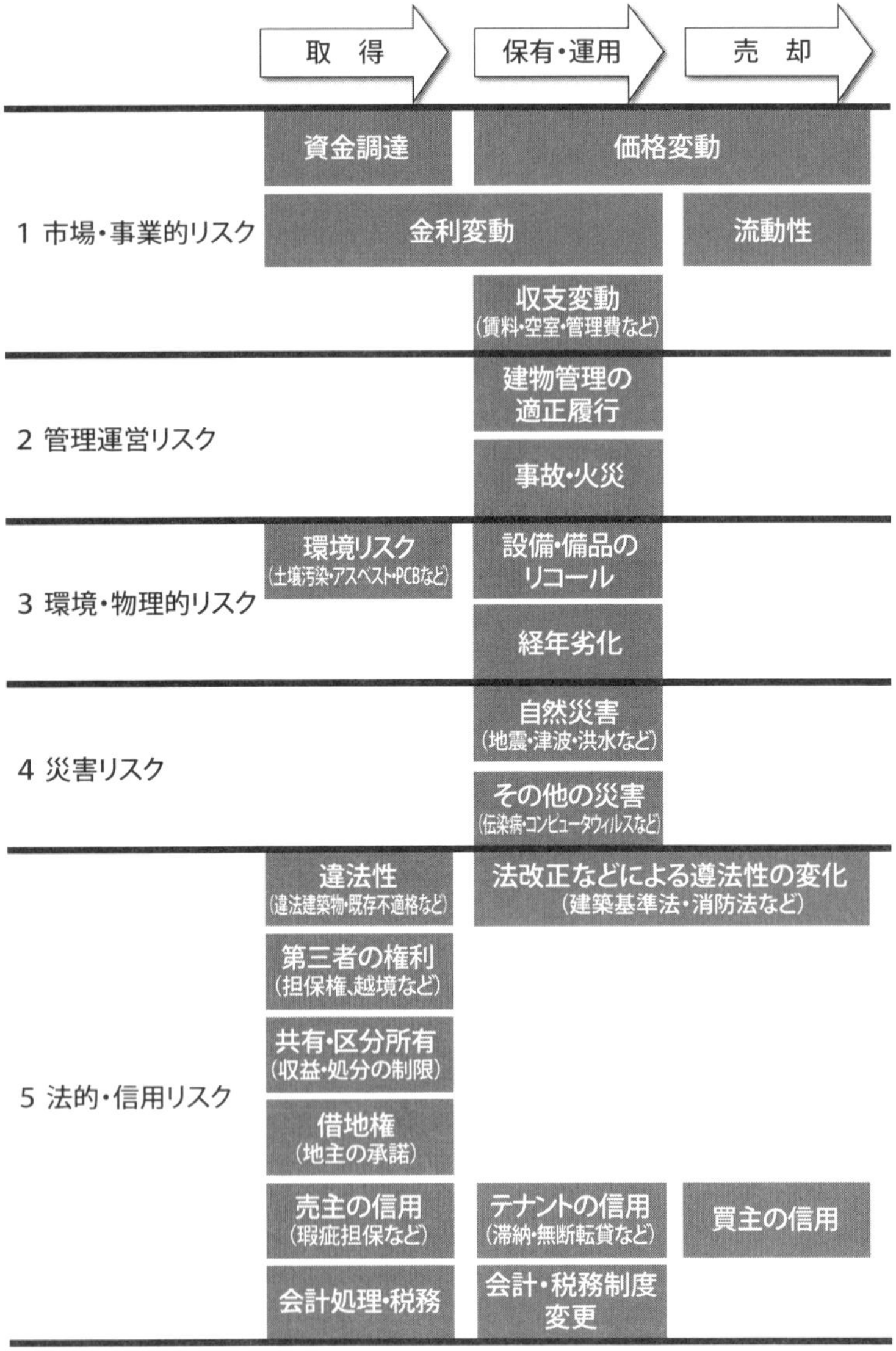

取　得
保有・運用
売　却
1 市場・事業的リスク
資金調達
価格変動
金利変動
流動性
収支変動
（賃料・空室・管理費など）
2 管理運営リスク
建物管理の
適正履行
事故・火災
3 環境・物理的リスク
環境リスク
（土壌汚染・アスベスト・PCBなど）
設備・備品の
リコール
経年劣化
4 災害リスク
自然災害
（地震・津波・洪水など）
その他の災害
（伝染病・コンピュータウィルスなど）
5 法的・信用リスク
違法性
（違法建築物・既存不適格など）
法改正などによる違法性の変化
（建築基準法・消防法など）
第三者の権利
（担保権、越境など）
共有・区分所有
（収益・処分の制限）
借地権
（地主の承諾）
売主の信用
（瑕疵担保など）
テナントの信用
（滞納・無断転貸など）
買主の信用
会計処理・税務
会計・税務制度
変更

5 検討物件の調査

　ここからは不動産投資、賃貸経営で想定されるリスクをコントロールするための物件についての調査です。リスクや収支の予測の精度を上げることで、不動産投資の失敗を防ぎ、成功に導くということは、いかに精度を上げるかということがポイントになります。ＲＥＩＴなどの取り扱い金額の大きいプレイヤーほど、この調査であるデューデリジェンスをしっかりと行います。取り扱い金額や規模がＲＥＩＴなどに比べると小さいから調べなくて良い、ということではなく、できる限りの調査を行い、リスクをコントロールしていくことが重要です。

　検討物件の調査は、

・不動産の状況調査
・環境調査
・法的調査
・経済的調査

に大別されます。順に見ていきましょう。

第3章

1　不動産の状況調査

不動産の状況調査では、土地と建物の状況を見ていきます。主に役所などで取得できるものですが、現地を確認する必要があったり、確認するためには費用がかかるものもあります。次はその一覧です。

土地の状況調査
①所在地、地積、地目など
②境界
③埋蔵物など
④地質、地盤

建物の状況調査
①建築・設備・仕様
②遵法性
③修繕・更新費用

④耐震性・PML（予想最大損失）
⑤管理状況
⑥再調達価格

順を追って見ていきましょう。

■土地の状況調査

①所在地、地積、地目など

対象地を登記簿謄本、公図と照らし合わせて確認します。地積測量図があれば地積測量図と住宅地図、地積測量図と現地などを照らし合わせます。過去に測量した面積と大きく差異があることもあります。登記簿の面積より、実際の面積が大きい分には良いですが、実際の面積が小さい場合には、購入後建築したり、再建築の際に同じ大きさの建物が建てられないということもありますので注意が必要です。

②境界

地積測量図と現地を照らし合わせて確認を行います。最終的には現況測量により、越境しているか否かの正確な判断が必要ですが、調査段階ではないことも多いので目視して、気になる点は確認します。越境されている場合には、将来再建築の際に撤去してもらう覚書があるか否かなども確認します。自分の目線の高さは確認しても、目線より上にある上空の樹木、電線などが越境していることを見逃しがちなので注意しましょう。

③埋蔵物など

埋蔵文化財包蔵地に指定されているかの確認と地中埋設物や埋設管の確認を行います。埋蔵文化財包蔵地に指定されている場合は、試掘、発掘の要否、それに要する期間と費用を確認します。土地から購入して建物を建てる際に、土地が更地の場合は、従前にあった建物の基礎や杭、ガラがある場合もあります。また、隣地の給水や排水などの管が敷地内を通っていることもあるので、できる限り目視で確認し、確認できないものは契約書上の瑕疵担保責任の期間内に工事を着手、確認するなど、予防と発見された場合の措置を事前に計画します。

④地質、地盤

地質、地盤の調査では、建築の際に地盤改良の費用がいくらかかるかが大きく左右されます。場合によっては売主と交渉し、事前に地盤調査ができる場合は、費用を払ってでも地盤調査をしたほうが良い場合もあります。

■建物の状況調査

①建築・設備・仕様

②遵法性

建物の設計図書や建築概要書、台帳記載証明書を確認し、検査済証は取得しているか、設計図書通りに建築されているか確認します。設備や仕様の確認は、メンテナンスの観点と手を加えたり交換するなどで家賃収入を上げ、価値を上げることができるかという両面で確認をします。

建築当時は適法に建築された建物でも、現行法では違反建築という既存不適格という状態は通常使用する分には問題ありませんが、増築、改築、大規模修繕、用途変更などの場合に現行法の適用を受けることがあります。また、消防・衛生上の問題は現行法に沿って改善が求められることもあります。

③修繕・更新費用

修繕・更新費用は、緊急を要するもの、短期的なもの、長期的なものの3つの観点で確認します。

緊急：建築基準法や消防法に違反しており非常時に人命、安全にかかわるもの、法定点検の未実施や届出、手続き不備や入居者、訪問者、通行人に潜在的に危険なものなど、直ちに修繕あるいは更新が必要なものです。

短期的：著しく劣化していたり、機能しているが推定耐用年数を大幅に超えているもの、その他概ね1年以内に修繕や更新をしたほうが良いと判断されるものなどです。

長期的：通常長期修繕計画といわれ、管理の状態や修繕履歴などを参考に計画を行います。屋根・外壁などの外部仕上、床・壁・天井などの内部仕上、外構、電気設備、空調設備、給排水・ガスなどの衛生設備、エレベーターや機械式駐車場などの搬送機設備などを10～20年のサイクルを目安に、かかる費用を算出していきます。

代表的な部位の修繕収益の目安は、巻末7に記載していますので参考にしてください。

④耐震性・PML（予想最大損失）

地震による建物被害は収益性を著しく低下させる可能性があります。起きるか起きないかは分からないので地震保険を付保する、地震による被害があった時の損害額をプールしておくことでリスクに対して対策を行うことはできます。REITやファンドなどの高額な物件を取り扱うプレイヤーはPML（Probable Maximum Loss：予想最大損失）という指標を使い、大地震が発生した際に、建物を再建築した時の再調達価格をもとに損害額に対して、どのような対策を立てるかという方法を用いています。物件を購入することを決めてから、火災保険、地震保険の金額を見て、高いから入らないという方もいますが、最初から予算に入れて投資判断を行い加入することで、起きてほしくない万が一のことが起きた時でも対応できる態勢を作ることができます。

⑤管理状況

管理状況が悪いと本来物件が貸すことのできる賃料より下げて貸していたり、入居しているテナントが出ていくまでの期間が早くなったりします。また定期的にメンテナンスを行うことで安価な点検や修繕、更新の費用で済んだものが、高額な交換になるなど営業純利益（NOI）を下げているケースがあります。そのため、物件を検討する入口のタイミングで管理状態の悪い物件があれば、改善することで営業純利益（NOI）が上がる可能性があるので、チャンスとなります。そのチャンスに気づくためには、適正な管理運営を知っておく必要があります。

2 環境調査

環境調査に関しては、主に土地は土壌汚染、建物はアスベストなどの有害物質です。REITやファンド、海外投資家など、物件価格の高い不動産を取り扱うプレイヤーは特に確認をします。そのようなプレイヤーはER（エンジニアリングレポート）の中の項目として確認をしています。土壌汚染やアスベストに気づかず、投資計画の中に対策費用を予算として組み込んでいない場合は価格が下がり、投資効率を下げるばかりか、マイナスになることもあるので注意が必要です。

土壌汚染などは、

①土壌汚染地の公開情報、土地利用の歴史（登記簿、地形図、住宅地図、航空写真など）、行政が行った土壌や地下水に関する実態調査、測定データなどを確認

②現地で土壌の色や臭気の確認、隣接や周辺に土壌汚染の原因となりそうな工場やドライクリーニング、ガソリンスタンドなどの有無の確認

③現地状況をよく知っている人物にヒアリング

を行い、必要があれば実際に費用のかかる調査、対策の設計と実施という流れになります。建物のアスベストなどの有害物質は、既存の資料（提供されたもの、公開されたもの）の確認や現地調査を行い、必要があれば費用のかかる調査、対策の設計、実施という流れになります。

環境については、今後より一層求められる事項なので、今は大丈夫でも、法改正により将来は基準に満たないということもありえます。購入時に調査したら終わりではなく、法改正にも気を配り賃貸経営を進めていきたいものです。

3　法的調査

対象の不動産を運営、再建築、売却するにあたってどのような規制があるのか知っておかないと、運営上のトラブルに時間や費用を使ってしまったり、再建築をする際に思っていた建物が建築できなかったり、想定の売却価格で売却できなかったりすることもあるかもしれません。そうならないためにも、どのような状況で何の法律に該当しているかは確認しましょう。左記は押さえるべき項目と留意点です。

①権利関係

・所有権、抵当権などの登記簿による調査
・登記簿に載らない借地権の借地契約書の調査

②テナントとの賃貸借契約の内容

・賃借人の名称、貸室部分の位置、面積、使用方法など
・賃料、共益費、敷金、礼金などの一時金の額、償却の有無
・普通賃貸借か定期賃貸借かの別、契約期間、自動更新の有無
・フリーレント、レントホリデー、段階賃料の有無

・解約に係る合意内容
・賃料が固定される期間の有無と改訂に係る合意内容
・転貸の可否（サブリースなど）
・原状回復に係る合意内容
・修繕に係る費用負担区分（所有者負担かテナント負担かの別）
・商業施設などの場合は、固定賃料、歩合賃料などの別とその内容
・商業施設の場合は、建設協力金の有無

③専有関係

・対象不動産に賃貸借契約書で確認できない占有者がいないか

④公法関係調査

役所調査を行い、法令上の諸規制に反していないか確認をする。法令上の規制としては、都市計画法、建築基準法のほか、各自治体の設定する条例や指導要綱などがある。

・都市計画法

地区計画、用途地域、特別用途地区、特例容積率適用地区、高層住居誘導地区、開発許可制度など

・建築基準法
建ぺい率、容積率（容積率低減係数による制限、特定道路までの距離条件による緩和、容積率不算入）、斜線制限、日影規制、既存不適格と違法建築物、建物の耐震基準など
・関連法規など
国土利用計画法、公有地の拡大の推進に関する法律、農地法、土地区画整理法、文化財保護法、宅地造成等規制法、景観法、河川法、海岸法、航空法など
・各自治体の条例、指導要綱
駐車場附置義務、ワンルーム条例、店舗・住宅の附置義務、開発負担金・緑化義務、東京都建築安全条例、高齢者・障害者等の移動等の円滑化に関する法律（バリアフリー）など

4　経済的調査

経済的調査では、今貸しているテナントや市場、収益、価格の各状況を確認していきます。今までの不動産の状況調査、環境調査、法的調査を踏まえ、物件を購入するかどうかの判断をするためのものですが、実務的には大雑把に経済的な調査を行い「この物件だといくらまでなら購入して良い」という数字を出してその金額が交渉の土台に乗りそうな場

合に、不動産の状況調査、環境調査、法的調査などを必要に応じて行います。

不動産投資、賃貸経営という事業を拡大していきたいと思っている方は、この経済的調査でより多くのチャンスを見出すことができれば事業拡大のスピードが上がります。要は、経済的調査を行う物件の数と質が重要です。具体的には次の調査を行います。

・テナント調査
・市場調査
・収益調査
・価格等調査

順を追って見ていきましょう。

・テナント調査

現在賃貸借契約を締結しているテナントの調査です。法的調査のテナントとの賃貸借契約のところでお話しした内容と同じです。このテナントの内容をレントロールという表にまとめていきます。

図3－4

■レントロール

物件名称	
住所	
基準日	現在

（賃貸部分）

部屋番号	テナント	タイプ	面積（㎡）	面積（坪）	月額賃料	賃料単価／坪	月共益費	共益費／坪	込賃料月額	込賃料／坪	込賃料年額	敷金／保証金	更新料	原契約開始日	現契約開始日	現契約終了日	特記事項
1F																	
201																	
202																	
203																	
205																	
301																	
302																	
303																	
305																	
306																	
307																	
308																	
310																	
		合計															
		平均															

賃貸可能面積	㎡
稼働面積	㎡
空室面積	㎡
稼働率	%
空室率	%

図3－4がレントロールです。テナントの名称や面積、賃料、共益費、敷金、更新料などです。更新料の次に、原契約開始日と現契約開始日という項目があります。2つの『げん』契約がありますが、原契約は最初に契約した日付、現契約は更新をした最新の賃貸借契約の期間です。

この原契約があることで、テナントがどのくらいの期間で退去するという平均と照らし合わせて、空室の予測をすることができます。また、原契約の期間が浅い場合には、売却するために無理に行っている契約の可能性や、入居している方にとって退去したくなる何らかの理由があって更新をしてもらえてないのかもしれません。

原契約を見ないことには気づかなかったかもしれないデメリットやリスクに気づくかもしれませんし、逆にそのデメリットを解消することでチャンスにつながるかもしれません。また、購入時だけでなく運営期間中も原契約と現契約の記録をとっていれば、入居期間を長くするための運営努力の結果が一目で確認できるようになります。

次にスタッキング（鳥かご図）といわれる図が図3－5です。レントロールは、文字情報なので直感的に何階のどの大きさのどの部屋がいくら貸せているということを捉えることができません。このスタッキング（鳥かご図）では、建物を断面で切り取り、各部屋、各階の情報を記載していきます。各階ごとの賃料の坪単価だったり、階ごとに間取りのタ

図3－5

■スタッキング

物件名称	
住所	
基準日	現在

<table>
<tr><td>3
F</td><td>㎡
坪</td><td>[301]　テナント
㎡
坪
GPI
円
円／坪
契約賃料
円
円／坪
現契約終了日
年　月　日</td><td>[302]　テナント
㎡
坪
GPI
円
円／坪
契約賃料
円
円／坪
現契約終了日
年　月　日</td><td>[303]　テナント
㎡
坪
GPI
円
円／坪
契約賃料
円
円／坪
現契約終了日
年　月　日</td><td>[304]　テナント
㎡
坪
GPI
円
円／坪
契約賃料
円
円／坪
現契約終了日
年　月　日</td><td>[305]　テナント
㎡
坪
GPI
円
円／坪
契約賃料
円
円／坪
現契約終了日
年　月　日</td><td>[306]　テナント
㎡
坪
GPI
円
円／坪
契約賃料
円
円／坪
現契約終了日
年　月　日</td><td>[307]　テナント
㎡
坪
GPI
円
円／坪
契約賃料
円
円／坪
現契約終了日
年　月　日</td><td>[308]　テナント
㎡
坪
GPI
円
円／坪
契約賃料
円
円／坪
現契約終了日
年　月　日</td></tr>
<tr><td>2
F</td><td>㎡
坪</td><td colspan="2">[201]　テナント
㎡
坪
GPI
円
円／坪
契約賃料
円
円／坪
現契約終了日
年　月　日</td><td colspan="2">[202]　テナント
㎡
坪
GPI
円
円／坪
契約賃料
円
円／坪
現契約終了日
年　月　日</td><td colspan="2">[203]　テナント
㎡
坪
GPI
円
円／坪
契約賃料
円
円／坪
現契約終了日
年　月　日</td><td colspan="2">[204]　テナント
㎡
坪
GPI
円
円／坪
契約賃料
円
円／坪
現契約終了日
年　月　日</td></tr>
<tr><td>1
F</td><td>㎡
坪</td><td colspan="8">[101]　テナント
㎡
坪
GPI
円
円／坪
契約賃料
円
円／坪
現契約終了日
年　月　日</td></tr>
</table>

イプが違えばそのタイプごとの賃料の坪単価を確認することができたり、角部屋だといくら賃料を上げることができるかなどの確認を文字だけではなく、形を見ながら確認できるので情報の把握に優れています。

レントロールとスタッキングは、最初に作るのは手間ですが、一度作ってしまえば情報を更新するだけなので、購入後も更新していくことで、営業純利益（ＮＯＩ）を改善していくための資料としてとても役立ちます。

・市場調査

市場調査の原則は、マクロ的な分析からミクロ的な分析を行います。例えば、日本の景気動向↓不動産市場↓同一需給圏内↓近隣という順番です。先の例の日本の景気動向や不動産市場は一般要因、同一需給圏内や近隣などは地域要因といいます。

日本の景気動向や不動産市場は話が大きすぎるのではと思う方もいるでしょうが、物件ごとに毎回調べるというよりは常に把握しておく必要があります。物件価格を左右する還元利回り（Cap Rate）が低い状況なのか、高い状況なのか、先行きの見通しはどうなのかということ次第で、狙いがコアか、バリューアッドか、オポチュニスティックか変わるかもしれません。

不動産投資、賃貸経営に係るのであれば一般要因は常に情報を得る努力が必要です。地域要因の同一需給圏内では、該当する駅と近隣のライバルとなる駅の家賃相場、出ている物件の数、敷金や礼金がとれているか、いくらで貸せるのか（総潜在収入（ＧＰＩ）を知るため）、空室損失をどのくらいで見込むのか、募集に広告料などを払う必要があるのか（運営費（Ｏｐｅｘ）に考慮する必要があるか知るため）など、より正確なキャッシュフローを作成するにはどうすれば良いのかという観点で情報を収集します。

ポータルサイトの情報はあくまで募集賃料であって成約賃料ではないので、成約賃料に関しては物件を紹介してくれた業者に依頼してレインズ（不動産流通標準情報システム）のデータをもらったり、近隣の賃貸の客付けをメインとしている業者にヒアリングするなどして成約の賃料の情報も得ましょう。ある一定の期間の募集に出た物件の数と成約した数が把握できると、募集しやすいエリアかどうかという判断がしやすいですが、そのようなデータはないので、LIFULL HOME'Sが提供している「見える！　賃貸経営」などを利用して、物件の掲載数、検索回数の比率から需要を予測するということも一つの手段です。

該当の駅やライバルとなる駅の状況を確認したら、賃借人となる候補者が一緒に見学するであろう近隣のライバルとの比較を行います。賃料、立地、日当たり、築年数、建物のコンディション、外構、共用部、設備、仕様、エレベーターの有無、駐車場・駐輪場の有無などを比較し、一覧にして比較をすることで、競合物件との差別化のポイントが見えたり、改善するポイント、家賃の設定などを確認することができます。

該当する駅やライバルとなる駅の箇所でもお話ししましたが、あくまでより正確なキャッシュフローを作成することが第一の目的です。それに加え、改善をすることでの営業純利益（ＮＯＩ）の上昇の可能性や、築年数が浅い時に貸し、数年後に退去してから再募集を行った時に家賃が下がるなど、営業純利益（ＮＯＩ）が下落する可能性を確認します。

・収益調査

収益調査では、物件が稼ぎ出す最大値の総潜在収入（ＧＰＩ）を算出し、空室損失、運営費（Ｏｐｅｘ）、資本的支出（ＣａＰｅｘ）を見積もり、営業純利益（ＮＯＩ）、純収益（ＮＣＦ）を出していきます。過去の賃貸履歴やエリアの情報などを考慮して、家賃がどのように推移するのかを見積もり、複数年度のキャッシュフロー表を作成していきます。

まず図３－６のようなキャッシュフロー表を使用します。総潜在収入（ＧＰＩ）は賃料、共益費だけでなく、駐車料や自動販売機やアンテナ設置による収入があればその収入、水道光熱費を徴収するタイプであればその金額も入れます。運営費（Ｏｐｅｘ）も、維持管理費、水道光熱費、修繕費、管理料（プロパティマネジメントフィー）、テナント募集費用（広告料など)、損害保険料、その他費用などに項目を分けておけば入力もしやすいですし、どの項目の比率が高く改善の余地があるなどを考えやすくなります。あとは資本的支出（CapEx）まで見積もれば純収益（NCF）まで作成することができます。

物件の収益調査としてはここまで行います。

・価格等調査

価格等調査では、現在の還元利回り（Cap Rate）がどうなのか、物件価格は価値に対して妥当なのかという現在を考えることと、将来変化する営業純利益（NOI）に対して、将来の還元利回り（Cap Rate）はどのように変化するのかということを検討します。将来の還元利回り（Cap Rate）を予測するということは経済を予測することでもあるので、100%当てるということではなく、エリアの傾向などを確認し、好況の場合、平常の場合、不況の場合などを当てはめられる下地を考えるということです。後述しますが、出口も収益として売却だけでなく実需として販売する可能性もあるかもしれません。入口と出口の価格をここでは調査していきます。

物件価格		建物		購入諸費用	
内土地価格		建物償却率		購入時 LTV	
内建物価格		設備		借入額	
内消費税		設備償却率		税	

（単位：千円）

2027 9年目	2028 10年目	2029 11年目	2030 12年目	2031 13年目	2032 14年目	2033 15年目	2034 16年目	2035 17年目	2036 18年目	2037 19年目	2038 20年目

図3－6

■キャッシュフロー表

物件名称	
住所	
基準日	現在

	2019 1年目	2020 2年目	2021 3年目	2022 4年目	2023 5年目	2024 6年目	2025 7年目	202 8年
総潜在収入（GPI）								
賃料								
共益費								
水道光熱費								
駐車料								
その他収入								
小計								
消費税								
収入合計								
賃料差異								
空室損失								
実効総収入（EGI）								
運営費（Opex）								
維持管理費（BM）								
水道光熱費								
修繕費								
プロパティマネジメントフィー								
テナント募集費用								
公租公課								
損害保険料								
その他費用								
小計								
消費税								
その他費用合計								
営業純利益（NOI）								
一時金の運用益								
資本的支出（Capex）								
純利益（NCF）								
年間負債支払額（ADS）								
税引前キャッシュフロー（BTCF）								
税引前キャッシュフロー累計（BTCF）								

純利益（NCF）								
減価償却								
借入金利								
課税所得								
法人税・事業税等								
年間負債支払額（ADS）								
税引後キャッシュフロー（ATCF）								
税引後キャッシュフロー累計（ATCF）								

借入元金								
借入残高								
借入償還余裕率（DCR）								
損益分岐点（BE）								
キャップレート								
想定売却価格								
LTV								

6 融資

該当物件がどの金融機関でどのような借入条件で借りることができるのかによってもキャッシュフローがプラスになるか否かが左右されるので、良いと思う物件が見つかる前に金融機関別の貸出条件の確認をします。融資期間、金利、借入額（ＬＴＶなど）、事務手数料、共同担保の有無など、金融機関によって条件はさまざまです。

ＬＴＶや物件の担保評価によって借入額が変われば、自己資金をいくら用意する必要があるのかが変わり、借入額、融資期間、金利は年間負債支払額（ＡＤＳ）に影響を与えるので、結果的に税引前キャッシュフロー（ＢＴＣＦ）に影響を与えます。審査のハードルが低い金融機関のほうが融資期間を長くしてくれる傾向ですが、金利が高く、審査のハードルが高い金融機関のほうが融資期間が短く、金利が低い傾向にあります。

金融機関が物件の担保評価を積算という方法で行っている場合は、土地を路線価で計算しますが、路線価×面積で評価が高くなる場所は、物件の価格に対して土地が大きい傾向にあります。土地が大きいということは高い建物が建てられないエリアに建っていたり、土地の価格の低い地方もしくは駅から距離がある物件の場合があります。駅から離れている物件にしろ、地方にしろ、賃貸の客付けで苦しんだり、家賃を下げたりというケースも散見します。積算で担保評価をしている場合には担保評価が高いから良い物件というわけではないので気をつけましょう。

また、本書執筆時点では、売買契約を二重で作って売買価格を多く見せたり、書類を改ざんしたり、収益目的なのに居住用と偽ったり、法人で購入して連帯保証人になっているのに申告しなかったなどの不正な方法で融資を受け、物件を購入して問題になっているケースがあります。融資は不正な方法で受け、発覚すると一括返済を求められたり、二度とその金融機関と取引できなくなったりするので、リスクに見合ったリターンではありません。あくまで正攻法に交渉し、借入を行ってください。

金融機関は味方になると、不動産投資、賃貸経営の成功に大きく寄与してくれます。逆に金融機関を敵に回すと、購入できる物件に制限が出たり、レバレッジが効かせられなかったり、条件の悪い金融機関でしか借入ができなくなってしまうなどのデメリットが発生します。金融機関を味方にするのも、敵にするのも、あなた次第です。

7 投資判断

物件の調査をして、融資の条件が分かると、キャッシュフロー表を完成させることができます。融資の条件の年間負債支払額（ＡＤＳ）をキャッシュフロー表に入れ、税引前キャッシュフロー（ＢＴＣＦ）を計算します。減価償却や支払い金利を算出して課税所得を出して、ご自身の所得税率に合った税率を入れて、税引後キャッシュフロー（ＡＴＣＦ）まで出します。

ここまで揃ったら、まずは物件が持つ稼ぐ力である営業純利益（ＮＯＩ）をベースに内部収益率（ＩＲＲ）を算出します。金融電卓でもできますし、エクセルでも簡単にできます。その内部収益率（ＩＲＲ）と金利を比較して、プラスのレバレッジがかかるのか否かを確認します。プラスのレバレッジがかかることを確認して、税引前キャッシュフロー（ＢＴＣＦ）の内部収益率（ＩＲＲ）、税引後キャッシュフロー（ＡＴＣＦ）の内部収益率（ＩＲＲ）を算出して、自分の目標とする効率があるかどうかを見ます。

実務的には、不動産の状況調査を行う前に、情報が来た段階で簡便に内部収益率（ＩＲＲ）を計算して、数字が合いそうならその裏どりをしていくというようなイメージです。

良い物件は売れてしまうのも早い可能性があるので、**ざっくりとスピーディーに投資判断をするということも重要**です。その際に、空室損失と運営費（Ｏｐｅｘ）をどのくらい見込むかがポイントかと思いますが、簡便に、首都圏であれば空室損失は５％くらい、運営費（Ｏｐｅｘ）は木造アパート15～17％、一棟もので鉄骨造（Ｓ造）、鉄筋コンクリート造（ＲＣ）、鉄骨鉄筋コンクリート造（ＳＲＣ造）17～19％くらいで見積もれば大きくは外さないでしょう。区分は、間取りのタイプやマンションによっても管理費、修繕積立金の額が大きく違うので、それに合わせて計算をします。それで数字が合いそうだったら、実際に現地に行ったり、調査を行います。

同じ物件でも、現役世代の資産形成期の方なのか、相続対策期の方なのか、利回り重視か安定重視かによっても見方が変わるので、他人にとって良くない物件でも自分にとっては良い物件かもしれません。保有期間に運営の改善を行ったり、リノベーションの実施、用途変更、出口を収益から実需にするなど、その物件の保有後の戦略によっても変わります。**アイデアの引き出しが多ければ多いほど、選択肢が広がります。**

株などは、保有する全員が同じように株価の上がり、下がりを第三者として見守りますが、不動産は所有するプレイヤーが当事者としてかかわるため結果が変わります。投資的な要素だけでなく、経営的な要素がある投資が不動産の特徴でもあります。

第4章

保有期間

1 保有期間の概要

　不動産投資の成否は、入口の時点で大方決まります。しかし、それを現実のものとするかどうかは保有期間次第です。保有期間の内容が分かっていれば分かっているほど購入時のリスクやチャンスにも気づけるので、保有期間も体系的に行いたいものです。

　不動産会社に管理を任せるにしても自分で管理をするにしても、内容を把握しないと、不動産会社の管理態勢が正しいのか、自主管理でやるべきことに漏れはないのかなどの判断ができません。私は中間分析をする機会が多いのですが、不動産会社任せにしているお客様のケースでは、よく分からない名目や割高に費用を徴収されているケースが多くあります。そのような方に限って、相続が発生すると相続税の納税資金が足りなかったりもします。保有期間の運用は非常に多岐にわたり、さまざまな専門家と協力しながら進めていく必要もありますので、できる限りやるべきことを明確にしましょう。

　また、この**保有期間の目的は営業純利益**（ＮＯＩ）**と税引後キャッシュフロー**（ＡＴＣＦ）**を上げる**ということです。図４-１で途中の損益の1年目に1期間と記載しましたが、1年目に限らず、各年度の1期間をいかに高めるかが保有期間では大事なことです。売却時

図4－1

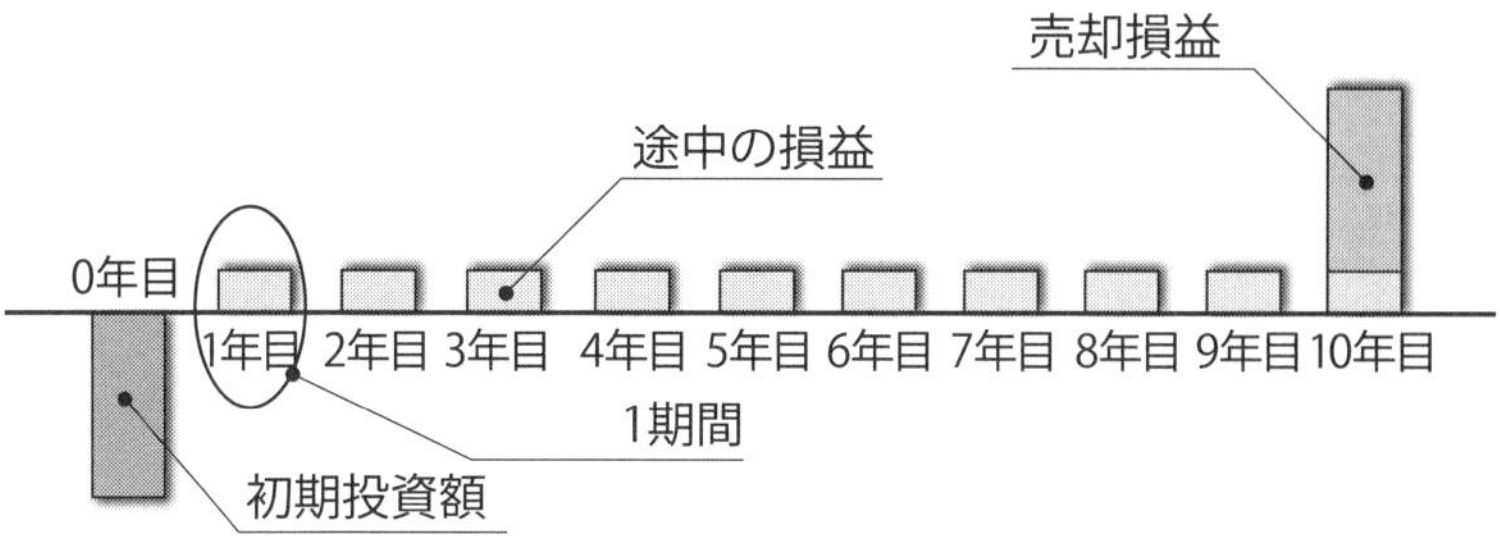

の営業純利益（NOI）が上がっていれば、営業純利益（NOI）÷還元利回り（Cap Rate）が物件価格ですから、物件価格が上がり価値も上がります。少しでも多く税引後キャッシュフロー（ATCF）を稼ぐことと、価値を上げて売却時の価値を少しでも上げることがオーナーのゴールです。

管理会社の選定は、このオーナーのゴールと同じゴールを目指して仕事をしてくれるところに依頼する必要があります。ただ空室の募集をして、家賃の集金を代行するという意識の管理会社に頼むのと、営業純利益（NOI）を上げるという目標を共有している管理会社とでは、数年後の営業純利益（NOI）の累積額に大きな差がでます。

2 保有期間の3つの業務

REITなどが取り扱う大規模なビルなどで行われているPM（プロパティマネジメント）は運営の成績を会社だけで

なく常に投資家に見られているので、必然的に業務の質が高まり、体系化されています。

ＰＭ（プロパティマネジメント）とは、賃借人の募集や入居期間中、退去時の管理、建物の管理、施工の管理などをトータルに行うポジションです。

そのＰＭ（プロパティマネジメント）で行われている内容には学ぶべき点が多くあります。ここでは、ＰＭ（プロパティマネジメント）で行われる保有期間の業務を参考に見ていきましょう。図中では、アパートやマンションなどの居住系のものと、ビルなどでオフィス系、商業系の業務を兼ねています。大規模な不動産だから当てはまるものもあります。ですが、業務を知らずに場当たり的に運用してつまずくよりは、数ある業務の中から自分に当てはまるものをピックアップして業務を行ったほうが、抜けや漏れがなく運用できるでしょう。検討する物件や保有している物件に当てはめて、該当する項目を確認してください。

保有期間には、大きく分けて３つの業務があります。

①テナント賃貸管理業務
②運営業務
③建物管理業務

順を追って見ていきましょう。

1　テナント賃貸管理業務

図4－2にテナント管理業務をまとめています。テナントの募集から解約、原状回復工事までの一連業務です。空室損失は営業純利益（NOI）に大きな影響を与えます。そのため、このテナント賃貸管理業務の募集の活動は非常に重要なポイントです。ただし、退去後、早く決まるようであれば家賃を低くしすぎている可能性があります。特にサブリースの場合、空室の状態だとサブリースをしている業者が損失になるため、家賃を相場よりも低く設定し、その分オーナーの手取りも少ないという状況になっているので注意が必要です。

テナント賃貸管理業務は、このような形式的な業務だけでなく、テナントとの良好な関係を築くということも大事な仕事です。テナントとの関係が良好でないと、それを理由に退去してしまうこともあるかもしれません。家賃が上がる相場でないのであれば、少しでも長くテナントには入居してもらったほうが空室の損失も少ないですし、原状回復にかかる費用、場合によってはテナント募集のための広告料も少なくて済みます。空室の損失や原状回復にかかる費用よりも既存で入居してくれているテナントに長く住んでもらうこと

図4－2

区分	業務項目	業務内容	具体的な業務の事例
賃貸関連業務	賃貸管理業務の評価	賃貸条件の立案・策定	周辺市場の相場を調査の上、募集賃料を立案 入居対象テナントの選定（業種属性、与信力等）
	テナント誘致業務	誘致計画の立案・実施	市場調査の上、テナント入居前後を含めた年度計画を策定し、計画を立案し実施
		営業活動	内覧、営業パンフレット作成等、仲介会社のコントロール テナントとの交渉 営業活動の進捗状況報告
		テナント審査・決定	テナントの属性等、情報収集と分析、入居可否の判断
	契約管理業務	入居申込書受領、契約締結 契約面積拡張	申込書受領、契約書類の作成、捺印手配 既存テナントに対して、契約面積の増床を促す
		重要事項に関しての説明、入居ガイダンス	入居工事の際の取り決め、原状回復工事の内容に関する取り決め、各種費用負担の取り決めと単価、警備上の取り決め、防火上の取り決め、運営上の取り決め、管理上の取り決め、衛生上の取り決め等
		契約更新、解約手続き	〈更新〉 （対オーナー）更新前条件と現況の市場環境を検討の上、更新後の条件を提案 （対テナント）更新条件を交渉 更新の覚書を作成、捺印手配
			〈解約〉 （対オーナー）解約申入の報告 （対テナント）解約予告期間について申入れの際に再確認、敷金返金の流れ説明 ・原状回復工事の手配、テナント及び工事業者に対して工事費用の調整 ・返金する敷金額の決定、オーナーからテナントへの敷金返金の依頼
	テナントの交渉業務	賃料改定業務	改訂賃料の交渉と根拠の説明
		契約条項違背是正	直接テナントへの話し合いで交渉
	入退室関連業務	入居時期取り扱い説明	入居テナントへの直接説明または管理会社に説明を依頼
		引っ越し調整	（対テナント）日程表の提出を依頼、引っ越しに伴う養生の依頼、その他テナントとの調整
		入居工事調整	（対テナント）日程表の提出を依頼、工事申請書により工事内容確認 消防、警備上の問題点の有無確認と改善指摘
		原状回復工事	上記解約に引き続いて （対テナント）退去日確認と工事日程の決定、見積もり金額の説明。場合によっては敷金からの金銭解決の了解段取り

に費用や時間を使ったほうが、効率も良いはずです。一度入居してもらったら終わりではなく、いかに長く入居してもらうかという感覚を持ち、業務を行うことが大切です。

2 運営業務

図４－３は、運営業務についてまとめたものです。建物の新築から記載していますので中古で購入したり、既存で所有している方には当てはまらない部分があります。

運営するにあたっての企画、コストや品質の管理、テナントや諸官庁などへの渉外業務、日常対応や賃料などの請求、月次の報告まで、非常に多岐にわたります。ですが、物件の価値の維持や向上、すなわち営業純利益（ＮＯＩ）の維持や向上のために行われるので、一つひとつがバラバラに考えられるのではなく、トータルで同じ方向に向かう業務になっている必要があります。

3 建物管理業務

図４－４は、建物管理業務についてまとめたものです。日々行う業務や管理態勢の確認や報告書のチェック、対策の策定、更新、見直しと非常に多岐にわたります。建物管理業

図４－３

区分	業務項目	業務内容	具体的な業務の事例
運営業務	企画立案業務	新築の管理運営計画	新築のアパート、マンション、ビルの開業にあたり、共益費原価の予測や管理態勢などを検討
		管理運営体制	管理業務や運営業務を行うための要員数や自社、外注要因の業務内容などを検討
		管理業務の委託	管理業務などを実施するために外注業務に委託する設備管理、警備、清掃、保守などの仕様書や契約書や委託先を検討
		維持管理計画	管理するための日常業務や年間業務に関する計画案や長期的な修繕計画案などを作成
	コスト管理・品質管理業務	コスト管理	管理するためのランニングコストの正確な把握や的確なコントロールを実施
		建物診断	品質を維持・向上していくための診断を定期的に実施
		委託業者診断	設備管理、警備、清掃などの外注委託業務を定期的に診断し、必要に応じて使用の変更や業者の変更を実施
	渉外業務	テナント対応	テナントからのクレームや依頼事項などの対応業務
		諸官庁対応	管理上必要な資格者の選任や諸官庁書類の届出業務
		共同建築者対応	共有ビル、区分所有ビルにおいて取り決めた事項を把握し共同建築者へ対応
		区分所有者ビル対応	区分所有ビルにおけるテナント管理業務や区分所有者間の協議事項などに関する業務
	テナント管理業務	日常管理	テナントに対して引っ越しや貸室内の管理など日常的な対応を実施
		内装工事管理	工事区分・貸方基準を把握することによりテナントの入居工事や原状回復工事に関するチェックを実施
		館内規制	館内規制の作成、見直し、テナントや来館者への徹底など
	事務・出納業務	賃料等請求	賃料等、水光熱費、清掃、請負業務等の請求業務や未収金の管理業務、オーナーへの報告など
		委託契約業務	外注委託契約や工事委託などビルにおける各契約書の期限管理、支払管理などの業務
		委託契約書、諸官庁書類管理	各種契約書や諸官庁書類の保管や期限管理に関する業務
		購買管理	修繕工事や整備などの発注業務、検収、支払いに関する業務
		年度計画の策定	年度運営計画の策定
		月次報告書策定	オーナーへの報告などに対して年度運営計画に対し、月次の予実管理状況報告書などを作成し報告

図 4 - 4

区分	業務項目	業務内容	具体的な業務の事例
建物管理業務	建物・設備管理業務	建物・施設管理業務（維持管理を含む）	運転監視：運転保守報告書のチェック 設備点検：日常・月例・定期・法定点検等の記録、報告書のチェック 検針業務：検針表のチェックと現場確認 保守修繕：計画・実施のチェックと現場確認 緊急対応：故障状況の把握と判断、指示
	清掃衛生業務	環境衛生管理業務	清掃業務：清掃状況、人員体制、マナーなどのチェック 空気環境：空気環境測定結果報告書のチェックと分析 給排水：残留塩素測定、水質検査結果記録のチェック 害虫防除：ねずみ、害虫の点検、処理記録のチェック 立入検査：検査立会いと指摘事項等の改善処置
		廃棄物管理業務	回収分別：リデュース、リユース、リサイクルの徹底 業者管理：許可証、マニフェスト等のチェック 法令遵守：PCB などの特別管理廃棄物の適正管理、不法投棄の発生防止
	保守警備業務	警備管理業務	入退管理：セキュリティー体制のチェック 防犯管理：警備体制、計画、実施のチェック 緊急対応：防災センター・火災・災害の対応及び訓練の計画、実施
		駐車場管理業務	契約業務：駐車契約、利用者管理等の業務チェック 料金業務：駐車料金の請求、収受等の業務チェック 防犯管理：駐車場内防犯、安全体制のチェック 環境対策：排ガス、騒音等の近隣への配慮
	エネルギー管理業務	エネルギー管理業務	エネルギー管理：建物エネルギー使用量の把握、管理、省エネ法の履行。テナントへの省エネ協力依頼
			省エネ：電力、ガス、水道等の使用実績の把握と省エネ対応の検討・実施
			温暖化：CO_2 排出状況報告書、温暖化対策計画書の提出
	安全管理業務	安全対策業務	施設の安全対策：建物、設備の運営状況の安全面から検討、対策
			BCP：建物の機能を維持継続していくための計画書の作成、必要に応じた見直し
			震災対策：震災対策要綱等の作成、必要に応じた見直し、震災訓練の実施、備蓄品の購入、補充
			インフルエンザ対策：インフルエンザ対策行動基準の作成、必要に応じた見直し
			自然災害対策等：自然災害対策等の作成、必要に応じた見直し、震災訓練の実施
		防火、防災管理業務	防火管理：消防計画の作成、テナントへの作成依頼、避難訓練等の実施
			防災管理：防災体制のチェック、地震、台風への対策
			消防計画等：消防計画の適宜更新、資格者の選任、届出

務は、法令の改正などがあると内容が変わることもあるので、日々の業務を行うだけではなく関係法令の改正にも気を配る必要があります。特に昨今は環境への配慮が世界的に重要視されているので、日々の運営で必要になるだけでなく、環境への配慮を行っている物件かどうかで物件の売却時の評価も変わるということも出てくると思われます。

3 修繕計画

巻末7には、修繕の内容と目安について表を載せています。ここまで日常の業務を3つ紹介しましたが、それとともに長期的な修繕の計画を立てることで、場当たり的に大きな金額が必要になることはなくなります。さらに、修繕を定期的に行わないと性能の劣化だけではなく、設備や仕様などの陳腐化も進んでいきます。

図4-5は建物修繕の概念図です。竣工時からの建物の性能を概念的に表しています。この中に出てくる言葉の確認をしましょう。

修繕：劣化した建築系部材（内外装仕上材、シーリング材など）や設備機器などを竣工時と同等レベルまで回復する工事

更新：故障してしまった、もしくは故障懸念のある部品や機器を同等品に取り換える工

図４－５

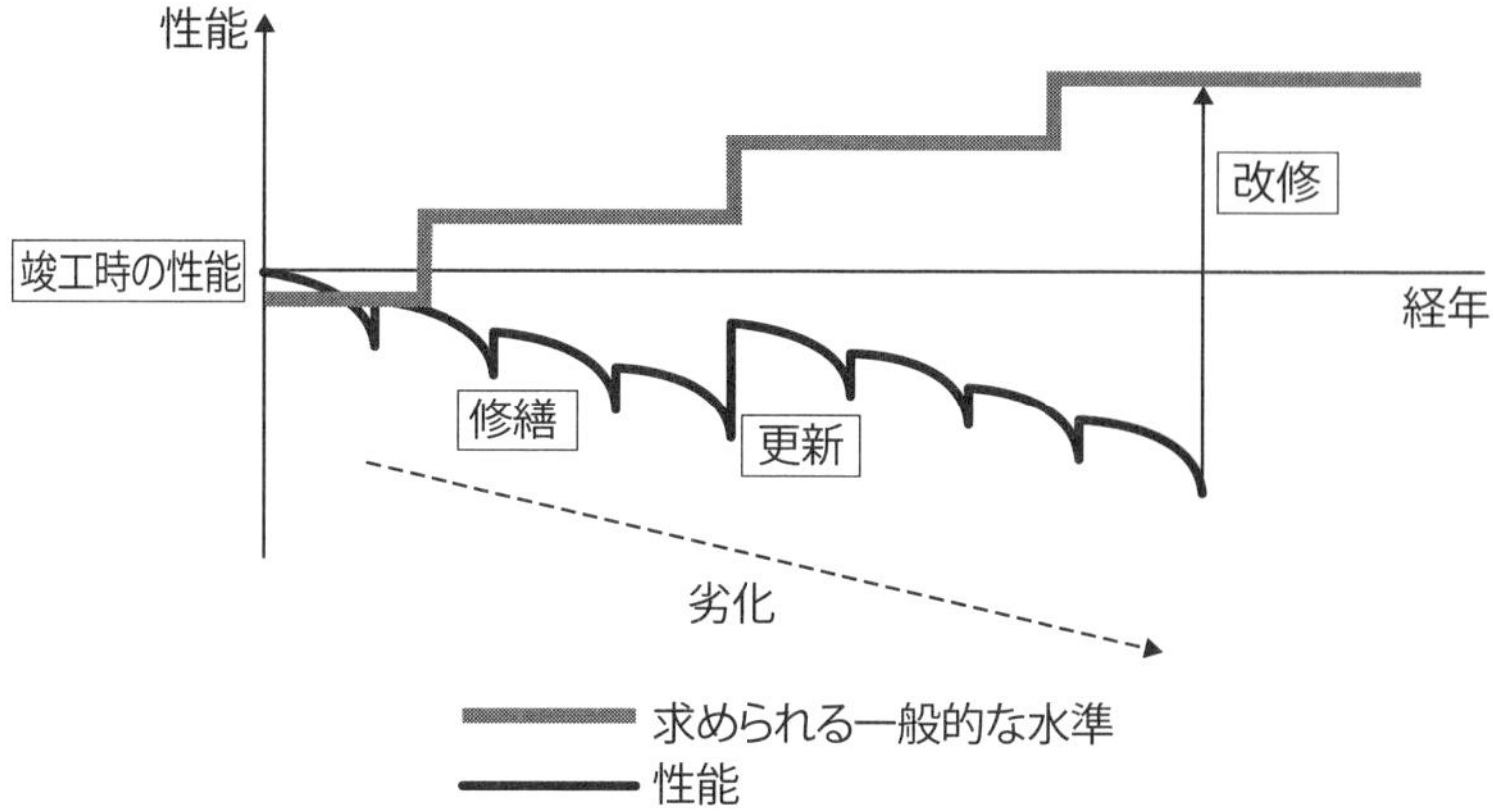

事

改修：著しく性能が劣化し、現在の価値基準に応えられない場合や安全性の確保が難しくなった場合に行うリノベーション工事や耐震改修工事、省エネ設備工事など

竣工時には、求められる水準より高い地点からスタートしますが、年々性能は劣化していきます。修繕で回復をさせても竣工時の水準には戻りません。建物の性能は劣化していきますが、求められる水準は年々上がるので差は大きく広がっていきます。

修繕では対応ができなくなったものに更新工事を行い取り換えたとしても、竣工時の性能には届きません。その間に求められる水準はより高くなっていきます。

改修は竣工時の性能に戻すだけではなく、求められる水準まで工事を行います。当然費用は高いですが、適切なタイミングで改修工事を行わないと、求められる水準と劣化、陳腐化した設備の開きが大きくなり、総潜在収入（GPI）が下がったり、競合物件との競争に勝てなくなり空室損失が大きくなります。費用をかけないことで、得られる収入が減り、得られたであろう資産が減るという構図です。そのため、適切なタイミングに、できるだけ費用は押さえて求められる水準に持っていくことが大切です。その際に簡便に費用対効果を分析する方法としては次のように行います。例えば、性能が劣化、陳腐化して総潜在収入（GPI）が下がり、空室損失も上がっている次の状況だとします。

■改修前

家賃　6万円／1戸
総戸数　10戸
空室損失　総潜在収入（GPI）に対して7％
運営費　総潜在収入（GPI）に対して15％
総潜在収入（GPI）　720万円

空室損失　50万4000円
実効総収入（ＥＧＩ）　669万6000円
運営費（Ｏｐｅｘ）　108万円
営業純利益（ＮＯＩ）　561万6000円

この状況でリノベーションをする改修工事を行えば家賃が1万円高く貸せ、空室損失も5％に改善できそうなプランがあったとします。この改修工事にいくら使えるかという計算です。

■改修後

家賃　7万円／1戸
総戸数　10戸
空室損失　総潜在収入（ＧＰＩ）に対して5％
運営費　総潜在収入（ＧＰＩ）に対して15％

総潜在収入（ＧＰＩ）　840万円

空室損失　42万円
実効総収入（ＥＧＩ）　７９８万円
運営費（Ｏｐｅｘ）　１２６万円
営業純利益（ＮＯＩ）　６７２万円

この場合、改修前と改修後の営業純利益（ＮＯＩ）の差は次のようになります。

改修後の営業純利益（ＮＯＩ）６７２万円－改修前の営業純利益（ＮＯＩ）５６１万６０００円＝１１０万４０００円

現在、還元利回り（Cap Rate）６％で売買できる市場だったとします。

その場合、改修前と改修後の営業純利益（ＮＯＩ）の差の１１０万４０００円を６％で割れば、物件の上がる価値が分かります。

１１０万４０００円÷６％＝１８４０万円

1840万円が上がる価値です。実際に運用する際には、何室か空室がある状態でリノベーションを行い、現在入居中の部屋は退去したタイミングで家賃を上げることになると思うので、いきなり上げることはできません。ですが仮にこれが10戸中3戸空いていて、その3戸はすぐに家賃が上げられたとしましょう。その場合、

10000円 × 3部屋 ×12か月＝36万円
36万円 ÷ 6％＝600万円

600万円の価値が上がることになります。そのため、この改修工事に600万円までだったら払っても、その価値の上昇分で吸収できることになります。

実際に行う際には、キャッシュフロー表の数字を直し、内部収益率（IRR）を再度計算して、現状何もやらない場合と比べることで単年度の営業純利益（NOI）、不動産の価値を上げていくというPM（プロパティマネジメント）業務ではこのような分析方法が有効です。

第5章

出口（売却）

1 出口のタイミング

不動産の出口、つまり売却をする時は、第3章「3　不動産投資のタイミング」でお話ししたようにタイミングが重要です。相場が高い時に売却したほうが当然有利です。しかし、売却のタイミングは景気の動向だけでなく、ポートフォリオで考えた時に入れ替えが必要になってくるかもしれません。例えば、中古で購入した物件の減価償却が終わり、所得税が高くなってしまったので、組み換えもしくは追加購入したいというような要望も出てくるかもしれません。他にも、もっと良い物件が買えそうだから売却してしまいたいだとか、相続で遺産分割をする時に分割ができないから現金化するか売却して規模の小さい物件を2つ購入するなど、さまざまな理由で売却したい理由が出てきます。

ここではその売却するタイミングについてもっと深く考えてみましょう。

例えば、物件価格が下がった（還元利回り（Cap Rate）が上がった）として、保有期間が5年の場合、10年の場合、15年の場合で、投資の効率は同じでしょうか。短い期間だと得たキャッシュフローの額が少なく、期間が長いと得たキャッシュフロー額が期間が短い場合と比べて多くなります。

売却の時に損が出た場合の与える影響は同じでしょうか。次の条件で実際に見てみましょう。

物件価格　1億円
購入時還元利回り（Cap Rate）　6％
営業純利益（NOI）　600万円

この条件で、売却時の還元利回り（Cap Rate）が、1％上がった場合で5年と10年と15年を見てみましょう。図5－1をご覧ください。

還元利回り（Cap Rate）が変わらず10年後に売却した内部収益率（IRR）6％
還元利回り（Cap Rate）が1％上昇した価格で5年後に売却した内部収益率（IRR）3・33％
還元利回り（Cap Rate）が1％上昇した価格で10年後に売却した内部収益率（IRR）4・86％
還元利回り（Cap Rate）が1％上昇した価格で15年後に売却した内部収益率（IRR）

■還元利回り（Cap Rate）が 1%上昇した内部収益率（IRR）（10 年）

	支出	営業純利益（NOI）	売却損益	合計	累積
0 年目	-100,000			-100,000	-100,000
1 年目		6,000		6,000	-94,000
2 年目		6,000		6,000	-88,000
3 年目		6,000		6,000	-82,000
4 年目		6,000		6,000	-76,000
5 年目		6,000		6,000	-70,000
6 年目		6,000		6,000	-64,000
7 年目		6,000		6,000	-58,000
8 年目		6,000		6,000	-52,000
9 年目		6,000		6,000	-46,000
10 年目		6,000	85,714	91,714	45,714

IRR	4.86%

■還元利回り（Cap Rate）が 1%上昇した内部収益率（IRR）（15 年）

	支出	営業純利益（NOI）	売却損益	合計	累積
0 年目	-100,000			-100,000	-100,000
1 年目		6,000		6,000	-94,000
2 年目		6,000		6,000	-88,000
3 年目		6,000		6,000	-82,000
4 年目		6,000		6,000	-76,000
5 年目		6,000		6,000	-70,000
6 年目		6,000		6,000	-64,000
7 年目		6,000		6,000	-58,000
8 年目		6,000		6,000	-52,000
9 年目		6,000		6,000	-46,000
10 年目		6,000		6,000	-40,000
11 年目		6,000		6,000	-34,000
12 年目		6,000		6,000	-28,000
13 年目		6,000		6,000	-22,000
14 年目		6,000		6,000	-16,000
15 年目		6,000	85,714	91,714	75,714

IRR	5.36%

図５－１

■還元利回り（Cap Rate）が６%のままの内部収益率（IRR）

	支出	営業純利益（NOI）	売却損益	合計	累積
０年目	-100,000			-100,000	-100,000
１年目		6,000		6,000	-94,000
２年目		6,000		6,000	-88,000
３年目		6,000		6,000	-82,000
４年目		6,000		6,000	-76,000
５年目		6,000		6,000	-70,000
６年目		6,000		6,000	-64,000
７年目		6,000		6,000	-58,000
８年目		6,000		6,000	-52,000
９年目		6,000		6,000	-46,000
10年目		6,000	100,000	106,000	60,000

IRR	6.00%

■還元利回り（Cap Rate）が１%上昇した内部収益率（IRR）（５年）

	支出	営業純利益（NOI）	売却損益	合計	累積
０年目	-100,000			-100,000	-100,000
１年目		6,000		6,000	-94,000
２年目		6,000		6,000	-88,000
３年目		6,000		6,000	-82,000
４年目		6,000		6,000	-76,000
５年目		6,000	85,714	91,714	15,714

IRR	3.33%

5・36％

となりました。

売却価格が下がった場合、保有期間が長くなると、売却価格の変化が内部収益率（ＩＲＲ）に与える影響は小さくなりました。では逆はどうでしょうか。還元利回り（Cap Rate）が下がり、売却価格が上がった時も見てみましょう。図5－2をご覧ください。

還元利回り（Cap Rate）が変わらず10年後に売却した内部収益率（ＩＲＲ）6％

還元利回り（Cap Rate）が1％下落した価格で5年後に売却した内部収益率（ＩＲＲ）

9・32％

還元利回り（Cap Rate）が1％下落した価格で10年後に売却した内部収益率（ＩＲＲ）

7・42％

還元利回り（Cap Rate）が1％下落した価格で15年後に売却した内部収益率（ＩＲＲ）

6・81％

となりました。

やはり売却価格が上がった時も、売却価格の変化が内部収益率（ＩＲＲ）に与える影響は期間が短いほうが大きいことが分かります。物件を高い時期に購入していたり、相場よりも割高に購入してしまった場合の選択肢として売却価格が下がりそうだったら、保有期間を長くして売却損の影響を小さくするということも選択肢になります。また、売却益が出る方は売却価格が高い時に売却して利益確定してしまったほうが投資の効率としては良いことになります。

ただし、新築ワンルームマンションを購入してしまった方でよくありがちなキャッシュフローが赤字になっているケースでは、手元の現金が減っていくことも考慮に入れなければいけないので、単純に保有期間を長くすれば良いという問題でもありません。キャッシュフローの問題だけでなく、保有するということは他の投資ができないということですから、損切りをして他の優良な資産に組み替えることができないということもデメリットとしてあります。売却益が出る場合も高くなった相場で売却をするのだから、売却して新たに購入するとしたら高くなった相場で購入するということになります。

どちらの場合も、ジレンマが出てくるのです。**物件を売却する、購入する、組み替えるというのは物件単独で決めるというよりもポートフォリオ全体で考えていく必要があるの**

■還元利回り（Cap Rate）が1%下落した内部収益率（IRR）（10年）

	支出	営業純利益（NOI）	売却損益	合計	累積
0年目	-100,000			-100,000	-100,000
1年目		6,000		6,000	-94,000
2年目		6,000		6,000	-88,000
3年目		6,000		6,000	-82,000
4年目		6,000		6,000	-76,000
5年目		6,000		6,000	-70,000
6年目		6,000		6,000	-64,000
7年目		6,000		6,000	-58,000
8年目		6,000		6,000	-52,000
9年目		6,000		6,000	-46,000
10年目		6,000	120,000	126,000	80,000

IRR	7.42%

■還元利回り（Cap Rate）が1%下落した内部収益率（IRR）（15年）

	支出	営業純利益（NOI）	売却損益	合計	累積
0年目	-100,000			-100,000	-100,000
1年目		6,000		6,000	-94,000
2年目		6,000		6,000	-88,000
3年目		6,000		6,000	-82,000
4年目		6,000		6,000	-76,000
5年目		6,000		6,000	-70,000
6年目		6,000		6,000	-64,000
7年目		6,000		6,000	-58,000
8年目		6,000		6,000	-52,000
9年目		6,000		6,000	-46,000
10年目		6,000		6,000	-40,000
11年目		6,000		6,000	-34,000
12年目		6,000		6,000	-28,000
13年目		6,000		6,000	-22,000
14年目		6,000		6,000	-16,000
15年目		6,000	120,000	126,000	110,000

IRR	6.81%

図5－2

■還元利回り（Cap Rate）が6%のままの内部収益率（IRR）

	支出	営業純利益 (NOI)	売却損益	合計	累積
0年目	-100,000			-100,000	-100,000
1年目		6,000		6,000	-94,000
2年目		6,000		6,000	-88,000
3年目		6,000		6,000	-82,000
4年目		6,000		6,000	-76,000
5年目		6,000		6,000	-70,000
6年目		6,000		6,000	-64,000
7年目		6,000		6,000	-58,000
8年目		6,000		6,000	-52,000
9年目		6,000		6,000	-46,000
10年目		6,000	100,000	106,000	60,000

IRR	6.00%

■還元利回り（Cap Rate）が1%下落した内部収益率（IRR）（5年）

	支出	営業純利益 (NOI)	売却損益	合計	累積
0年目	-100,000			-100,000	-100,000
1年目		6,000		6,000	-94,000
2年目		6,000		6,000	-88,000
3年目		6,000		6,000	-82,000
4年目		6,000		6,000	-76,000
5年目		6,000	120,000	126,000	50,000

IRR	9.32%

です。

ちなみに、今回の例では借入をせずにレバレッジを効かせていない状況でしたが、内部収益率（ＩＲＲ）と金利の差であるイールドギャップの分、内部収益率（ＩＲＲ）はプラスにもマイナスにも大きくなります。

2 出口を見据えた修繕計画

これまで「修繕計画を立てることは大切」という話をしてきました。この修繕計画は売却をどのタイミングで行うかということでも変わります。例えば、16年後に売却をする計画の時に、費用が多くかかる外壁と屋根の塗装を11～15年後の周期で行ったとしても、塗装による恩恵を受けられるのは売却をした後の購入者でしょう。原状を回復するための工事だとかけた費用に対しての効果は得られませんが、リノベーションによる塗装を行い、家賃を上げて営業純利益（ＮＯＩ）を高めて物件価格も高くするということであればリノベーションにより価格が上がった分、利益を得ることができます。

その時の総潜在収入（ＧＰＩ）が競合の物件と比べて陳腐化で低下していないか、現在空室があって改修後の家賃で募集することはできるのかなど、その時におかれた状況によっても変わります。購入する際に、しっかりと修繕計画を立てることは重要ですが、**一度立てたら終わりでその通りに実行すれば良いのではなく、物件の状況、売却の計画によっても変える必要がある**ことを念頭に、より効率良く資産の運用をしましょう。

3 アービトラージ

アービトラージは直訳すると裁定取引です。裁定取引とは、取引のルールが違う場所の価格差を利用することで利ザヤを稼ぐ取引のことです。

例えば、駅の東口側では高層ビルが立ち並び、行動している人が多いため、缶コーヒーの人気が高く、1本150円でも飛ぶように売れるとします。駅の西口は住宅街で戸建住宅しか建てられない制限のある地域で必然的に行動している人の数も少なく、不人気ではないですが、缶コーヒーは1本100円でしか売れません。この場合に、西口で缶コーヒーを仕入れて、東口で売れば150円−100円＝50円の利益が出ます。

このように同じ商品なのに取引する場所が変わるだけで価格に歪みが出て、その価格差を利用することを「裁定取引で利益を得る」と表現します。この裁定取引を不動産でも利用し、売却益を狙うという方法があります。

第5章

アパートやマンション、ビルなど、賃料などで収益を稼ぐ不動産を収益不動産、戸建や区分マンションを自分が住むために使うなど、自己のために使うものを実需といいます。裁定取引の一つの例が、この収益と実需という違うマーケットを利用して裁定取引を行うという方法です。例えば、現在賃貸中のファミリータイプの区分マンションを購入する時は、収益物件として購入するので住宅ローンは使えません。また、収益不動産の場合は、価格を算出する際には収益還元法という方法を用いて価格を算出します。今までお話ししてきた営業純利益（NOI）÷還元利回り（Cap Rate）です。実需の場合は、取引事例比較法という方法で価格を決定します。当該マンションの過去の取引事例や近隣のマンションの取引価格を参考に、価格を算出する方法です。区分マンションの場合、収益還元法と取引事例比較法では、収益還元法のほうが価格が低いケースが多いです。この価格差を利用し賃貸中のファミリータイプの区分マンションを購入して、賃借人が退去したら実需の物件として売りに出すと、収益物件としての価格と実需物件としての価格の乖離が利益になるという方法です。

他にも、1棟アパートやマンションを購入して、全室退去の状態にして実需のデベロッパーに売却して利ザヤを稼いだり、マンション、ビルなどのデベロッパーに売却して利ザヤを稼ぐという方法もあります。もともと2DKの間取りのものを購入して、退去後に1

LDKにして2DKの時よりも高い家賃で貸すというのも狭義のアービトラージと呼んでも良いかもしれません。購入した物件をそのまま運営して、そのまま売却するというのも手段ですが、このように、**人が気づいていなかったり、畑が違うから気づきにくかったりするところに利益を得る機会が眠っている**ことがあります。

このようなアービトラージを使った投資は、経験値と柔軟な発想で生まれます。まだ体系化されていないようなアービトラージの手法はたくさんあるはずなので、ぜひ探してみてください。

4 不動産を高く売却するには

不動産を売却する時に、「チラシや広告がよく来るので」とか、「お客をいっぱい持っていそう」「何となく安心感がある」という理由で不動産会社を選ぶ方が多いように思いますが、どの不動産業者に売却を依頼しても同じかというとそうでもありません。収益不動産の売却価格は、基本的には営業純利益（NOI）÷還元利回り（Cap Rate）で決まります。しかし、不動産は売却を依頼する会社によって販売方法が異なるので、売却の価格も変わってくるのです。

第5章

図５－３

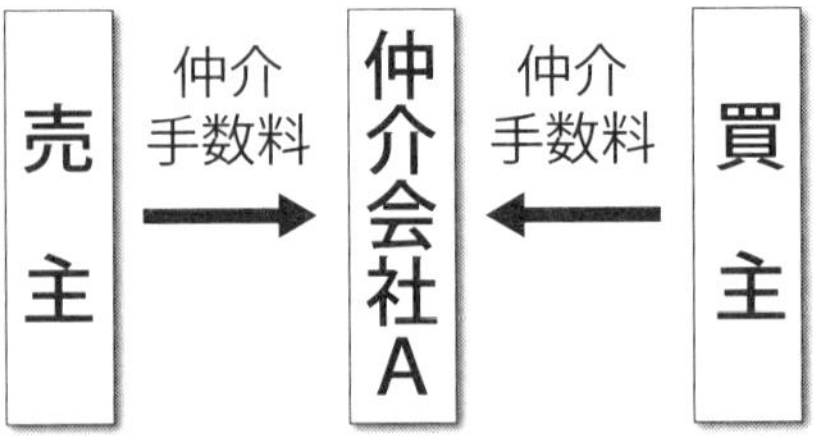

では、何を判断基準にすれば良いのでしょうか。まずは不動産の取引を改めて確認したいと思います。

「お客をいっぱい持っていそう」という理由で不動産会社を選ばれる方は、図５－３のような状況を思い描いているのではないでしょうか。売主から売却の依頼を受けた仲介会社Ａが販売活動を行い、仲介会社Ａの顧客である買主に物件を紹介し成約に至る。このような状況を想像されていると売却を依頼する仲介会社の顧客数が多ければ多いほど紹介する機会が増え、価格が上がる確率が上がります。

しかし、矛盾がいくつかあります。今までの話の過程は仲介会社が売主のために活動を行うということが前提でした。ここで、それぞれの利害関係を確認してみましょう。

売主：高く売りたい
買主：安く買いたい
仲介会社：売主から３％、買主から３％の仲介手数料を得たい

図5－4

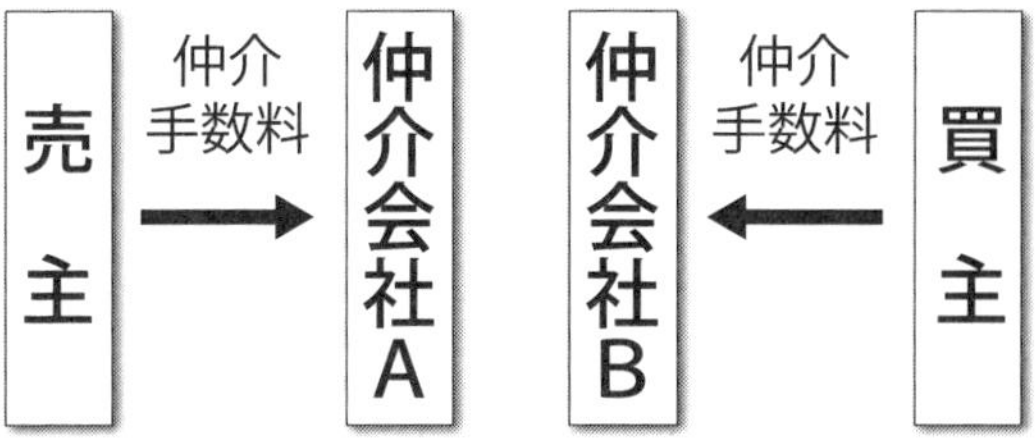

　このような利害関係になります。高く売ってほしい売主は「顧客をたくさん持っているので高く売れる」と思って仲介会社に依頼をしていますが、買主は「利益を得るために安く買いたい」と仲介会社に依頼をしています。「慈善事業でやっているので、物件価格は高く買います」という買主はいません。売主側には高く売りますといって、買主側には安い物件を紹介しますという関係で利益相反が生じます。

　また、仲介会社の目的はできるだけ多く仲介手数料を得るということが目的ですので、売主側の利益の最大化と買主側の利益の最大化ではなく、契約がまとまる妥協点を探すでしょう。この状況で物件は高く売れません。

　図5－4の状況だと売主側の仲介会社と買主側の仲介会社が違います。このケースだと売主側の仲介会社は売主と同じ、できるだけ高く売却するという目標を共有することができます。この状況では、仲介会社Aの顧客の数は関係ありません。買主の候補に

なる顧客に紹介してくれる別の仲介会社にいかに紹介してもらうかということで、顧客の母数が決まります。そのため、不動産を高く売却するのに、売主側の仲介会社が顧客を多く持っている、チラシや広告をたくさん出しているというのは関係ないということです。

大事なのは売主から依頼を受ける仲介会社が、自社で抱え込まず、いかに他の仲介会社が紹介しやすい体制を整えるかです。物件の価格が高額で買主となれるプレイヤーが限られていたり、特殊なエリアや特殊な事情がある場合で買主になるプレイヤーが限られている市場であれば売主側の仲介会社をやっていたとしても、高く購入してくれるところを選ぶだけなので、売主側の仲介と買主側の仲介を兼ねても高い価格の成約は可能です。そうではないケースでは、売主側の仲介会社と買主側の仲介会社は基本的には違うほうが高く売却できます。

その中でもどのような仲介会社を選べば良いのかということもあるでしょう。医者にも内科や外科のように得意分野、専門分野というのがあるように、不動産業者にも得意分野があります。

まず大きく分けて賃貸と売買です。売却なので売買を多く取り扱っているということが前提になりますが、買主を探すことをメインにしている会社と売却に強い会社に分かれます。チラシやインターネットで買主を募集している会社のほうが露出が多いので売却も強そうに感じる方が多いですが、前述のように高い価格で売却することと広告量は無関係です。また、売買の不動産をやっているほとんどの会社が実需の不動産を取り扱っています。

大事なのは収益不動産に強いかどうかです。物件の価格の値付けに際しても、この物件の構造や築年数だったら、どの金融機関で何年の融資期間を組めて、LTVは何%までだから逆算すると物件価格はいくらになるというような計算ができたり、購入希望者が何を求めるか考え、事前に揃えておくべき資料を揃えるなど、販売の準備にしろ、販売活動にしろ、実需の不動産とは勝手が違います。そもそも営業純利益（NOI）すら知らないという営業マンのほうが多いくらいなので高いとか安いとかの感覚もないでしょう。そのような状況で販売を任せても高くは売れないので、収益不動産に強い会社に売却を依頼することが大切です。

第6章

ポートフォリオ

1 ポートフォリオ

ここまで不動産投資の入口から出口までを紹介しましたが、忘れてはいけないのが不動産投資というのはあくまで時価ベースの純資産を殖やすための手段だということです。

不動産投資を始めようと思って、不動産投資の世界に入ると、この時価ベースの純資産を殖やすのが目的であることを忘れてしまいがちです。時価ベースの純資産を基準にしていないと、不動産を所有する棟数や戸数、家賃収入の額などを聞くと成功しているように感じます。実際は不動産を複数所有しているという方でも時価ベースの貸借対照表（B／S）で考えたら、含み損を大きく抱え、売却である出口まで考えると大失敗しているケースも少なくありません。

家賃収入に関しても税引後キャッシュフロー（ATCF）まで考えると、手取額が少なかったり、減価償却が多い時期だから税引後キャッシュフロー（ATCF）が多くても、デッドクロス以降は税引後キャッシュフロー（ATCF）がマイナスになったり、大規模修繕のための蓄えができていないケースも散見します。株への投資でも、株を持っていることに意味があるのではなくて、購入した時よりも高い価格で売却をして、利益を確定することで初めて投資として成功です。

不動産を所有するということは目的ではなくあくまで手段ですので、自分の財産を数値化して、冷徹に状況を把握していくことが投資家として、経営者として求められます。第6章では、資産全体での考え方を説明しましょう。

2 資産全体の収益率

不動産投資、有価証券など、資産を運用するというのは資産が収益を生む手段です。不動産個別の投資効率を見るには、利益率と利回りで確認をしました。ここでは、資産全体で考えた利益率を考えていきましょう。

法人の分析でROA（Return On Asset：総資本事業利益率）という指標があります。式は、

事業利益　÷　総資産＝ROA

＊事業利益＝営業利益＋持分法投資損益＋金融収益

です。個人の分析にこの考え方を準用します。

図６－１

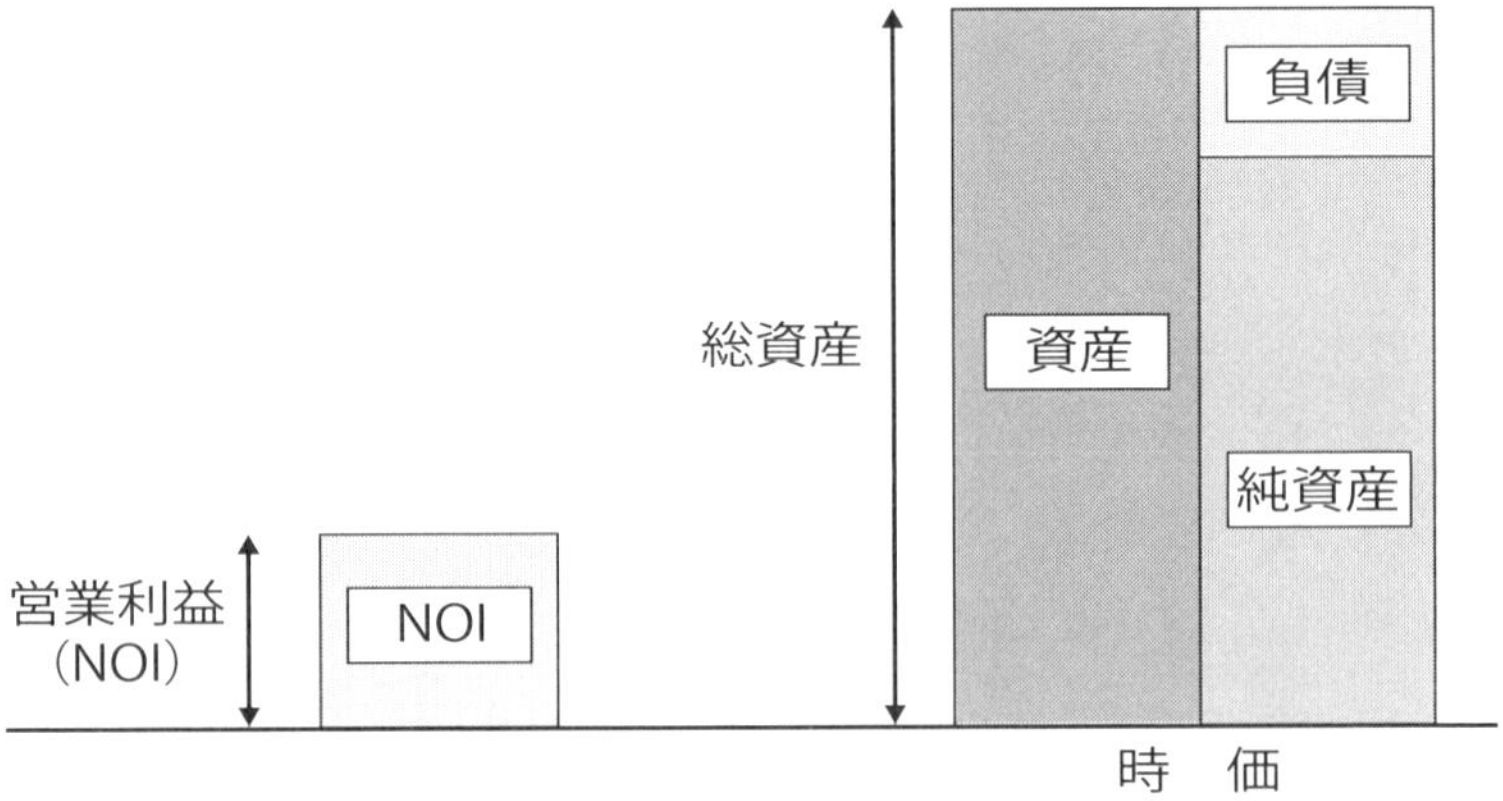

事業利益という言葉に耳馴染みがない方も多いと思います。持分法投資損益は、持ち株会社がある場合に計算に入れるもので、グループ会社、子会社を持っているような大企業の時に使うと思ってください。金融収益は、利息による収入なので、低金利の状況では考慮しなくても良いでしょう。

そこで残るのは営業利益です。営業利益で使う数値は営業純利益（ＮＯＩ）の合計額です。個人や資産管理法人の総資産に対してどれだけ営業利益を稼ぎだしているのかという指標がＲＯＡです（図６－１）。不動産単体でいう還元利回り（Cap Rate）です。

図６－２は、資産全てを数値化して、時価ベースの貸借対照表（Ｂ／Ｓ）の額を確認していくための表です。ここには不動産だけでなく有価証券や預貯金など、資産を全て記載していきます。キャッシュフローを記載する欄もありますので、キャッシュフ

ローを入力することで営業純利益（ＮＯＩ）の合計を把握することができます。

ここで注意したいのは、収入を生んでいない不動産（例えば自宅など）の固定資産税などの支出も記載するということです。資産全体の営業純利益（ＮＯＩ）が知りたいわけですから、支出しかない項目でも、考慮しないと、収益を生んでいる不動産以外で支出が多いほうと少ないほうが同じ数値になってしまいます。

この営業純利益（ＮＯＩ）の合計額 ÷ 総資産をしたものが、個人版ＲＯＡです。この個人版ＲＯＡを作ると、多くの方が資産に対して収益を生んでいない財産が多いことに気づきます。資産を生んでいない財産があり、その財産を運用できない場合には、他の資産で収益を上げないとＲＯＡが上がりません。ＲＯＡが低いということは、資産が収益を生んでいないので、自分の体と時間を資本に収益を稼ぎ出すか、資産を切り崩すか、少ない収益の中で支出を押さえるかしかありません。

このポートフォリオ分析のシートが完成すると、どの資産が収益を生んで、どの資産が収益を生んでいないのか数値で把握できますので、どの資産を改善すべきか分かります。

次にＲＯＥ（Return On Equity：自己資本純利益率）という指標です。先ほどのＲＯＡは総資産に対しての営業純利益（ＮＯＩ）の効率でした。この指標だと、負債がある人とない人が同じ扱いになってしまいます。例えば、総資産が1億円で負債がなく純資産が1億円

キャッシュフロー計算						収益性（ROA）		健全性		
GPI	空室損	opex	NOI	ADS	BTCF	表面	NOI	借入金比率（時価）	負債支払安全率	損益分岐点

図6－2

ポートフォリオ分析

	基礎データ					貸借対照表（B/S）				
資産番号	所在地／不動産以外は種類	地番	利用状況	土地面積（㎡）	建物面積（㎡）	時価	借入金	敷金	時価純資産	比率
1										
2										
3										
4										
5										
6										
7										
8										
9										
10										
11										
12										
13										
14										
15										
16										
17										
18										
19										
20										
21										
22										
23										
24										
25										
26										
27										
28										
29										
30										
合計										

第6章

の人と、総資産が1億円で負債が9000万円で純資産1000万円の人が同じ分母になってしまいます。純資産に対してどれだけ収益を上げているかという指標がROEです（図6－3）。式は、

当期純利益　÷自己資本＝ROE（Return On Equity：自己資本純利益率）

＊自己資本：株主資本＋その他包括利益累計額

です。その他包括利益累計額は加味せずに、株主資本を純資産として準用しましょう。

ROEは、税引前、税引後の両方使われるケースがありますが、今回は税引後として税引後のキャッシュフロー（ATCF）で考えていきましょう。時価ベースの純資産に対して税引後のキャッシュフロー（ATCF）がどれだけあるかという指標がROEです。株などで法人の収益性を判断するのにもよく使われます。税引後のキャッシュフロー（ATCF）の合計額が分からないという場合でもROEの分解式を使って計算をすることができます。式は、図6－4です。

負債利子率は、負債を全体で考えた時の金利みたいなものです。この式を見ていただいてもやはりROAという収益率と金利と同じような性質の負債利子率を比べてROAが

図6－3

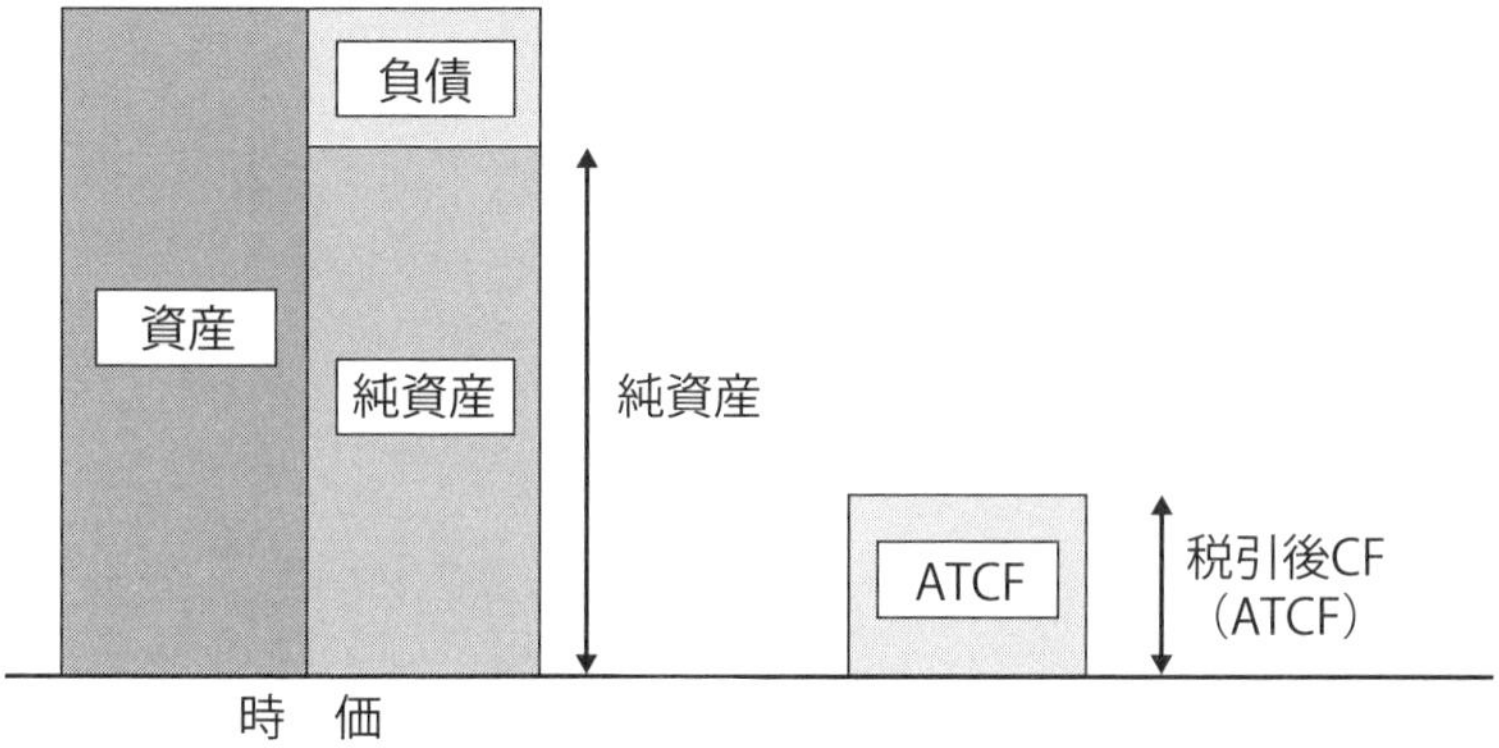

図6－4

$$\text{ROE} = \left(\text{ROA} + (\text{ROA} - \text{負債利子率}) \times \frac{\text{負債}}{\text{純資産}}\right) \times (1 - \text{税率})$$

＊負債利子率 ＝ 支払利息 ÷ 有利子負債残高

高ければプラスのレバレッジの効率が決まり、総資産に占める負債の割合の分だけレバレッジがかかるという式だと分かります。また、ROAにレバレッジをかけたものから、税が引かれるので、税が引かれる以上にROAを上げるか、レバレッジで賄うのかという対策が必要だということが分かります。このROEの分解式のどこかを改善することでROEを改善でき、とても重要な公式です。

　不動産単体では理解できるけど、資産全体になるといまいち分からないという方も、軸としてその投資や行動は時価ベースの純資産が殖えるのかとROEは改善されるのかという2点を押さえるだけでも間違った方向には行きにくいので、押さえておきましょう。

3 不動産購入時にいくらの自己資金を入れるか

不動産を購入する時にいくらの自己資金を入れれば良いのか、ご相談いただくことがあります。なるべく自己資金は少ないほうが良いという方もいますが、果たしてそうでしょうか。次の条件で具体的に考えてみましょう。

物件価格　1億円
営業純利益（NOI）600万円
　＊10年間営業純利益（NOI）は変動しないものとする
　＊売却時の還元利回り（Cap Rate）は6％のままとする
　＊諸費用は簡便に考えるために考慮しない

総資産　預貯金1億円

【借入時の条件】
借入金額　不動産の価額に対する借入額（LTV）90％まで

金利　2％
借入期間　30年
＊ROA、ROEの分母の総資産、純資産は本来期首、期末の合計÷2ですが、簡便に行うために期末の数字を採用しています。

まずは投資効率を見てみましょう。図6－5をご覧ください。

借入なしの内部収益率（IRR）　6％
借入ありの内部収益率（IRR）　26・76％

借入なしの内部収益率（IRR）6％に対して金利2％ですからプラスのレバレッジがかかり、26・76％と内部収益率（IRR）は上がりました。
しかし、10年目の純資産は下記のようになります。

借入なし　1億6000万円
借入あり　1億4432万3000円

資産	負債	純資産	支払い利息	借入残高	ROA	ROE （税引前）
100,000	0	100,000	0	0		
106,000	0	106,000	0	0	5.66%	5.66%
112,000	0	112,000	0	0	5.36%	5.36%
118,000	0	118,000	0	0	5.08%	5.08%
124,000	0	124,000	0	0	4.84%	4.84%
130,000	0	130,000	0	0	4.62%	4.62%
136,000	0	136,000	0	0	4.41%	4.41%
142,000	0	142,000	0	0	4.23%	4.23%
148,000	0	148,000	0	0	4.05%	4.05%
154,000	0	154,000	0	0	3.90%	3.90%
160,000	0	160,000	0	0	3.75%	3.75%

資産	負債	純資産	支払い利息	借入残高	ROA	ROE （税引前）
190,000	90,000	100,000		90,000		
192,008	87,788	104,220	1,780	87,788	3.12%	1.93%
194,016	85,531	108,485	1,735	85,531	3.09%	1.85%
196,024	83,229	112,795	1,690	83,229	3.06%	1.78%
198,032	80,880	117,152	1,643	80,880	3.03%	1.71%
200,041	78,484	121,557	1,596	78,484	3.00%	1.65%
202,049	76,039	126,009	1,547	76,039	2.97%	1.59%
204,057	73,546	130,511	1,498	73,546	2.94%	1.54%
206,065	71,001	135,064	1,448	71,001	2.91%	1.49%
208,073	68,406	139,667	1,396	68,406	2.88%	1.44%
144,323	0	144,323	1,344	0	4.16%	1.39%

図６－５

■借入なしの内部収益率（IRR）

	支出	営業純利益（NOI）	税引前 CF	売却損益	合計	累積
０年目	-100,000				-100,000	-100,00
１年目		6,000	6,000		6,000	-94,00
２年目		6,000	6,000		6,000	-88,00
３年目		6,000	6,000		6,000	-82,00
４年目		6,000	6,000		6,000	-76,00
５年目		6,000	6,000		6,000	-70,00
６年目		6,000	6,000		6,000	-64,00
７年目		6,000	6,000		6,000	-58,00
８年目		6,000	6,000		6,000	-52,00
９年目		6,000	6,000		6,000	-46,00
10年目		6,000	6,000	100,000	106,000	60,00

IRR	6.00%

■借入ありの内部収益率（IRR）

	支出	営業純利益（NOI）	税引前 CF	売却損益	合計	累積
０年目	-10,000				-10,000	-10,00
１年目		6,000	2,008		2,008	-7,99
２年目		6,000	2,008		2,008	-5,98
３年目		6,000	2,008		2,008	-3,97
４年目		6,000	2,008		2,008	-1,96
５年目		6,000	2,008		2,008	4
６年目		6,000	2,008		2,008	2,04
７年目		6,000	2,008		2,008	4,05
８年目		6,000	2,008		2,008	6,06
９年目		6,000	2,008		2,008	8,07
10年目		6,000	2,008	34,242	36,250	44,32

IRR	26.76%

図6-6

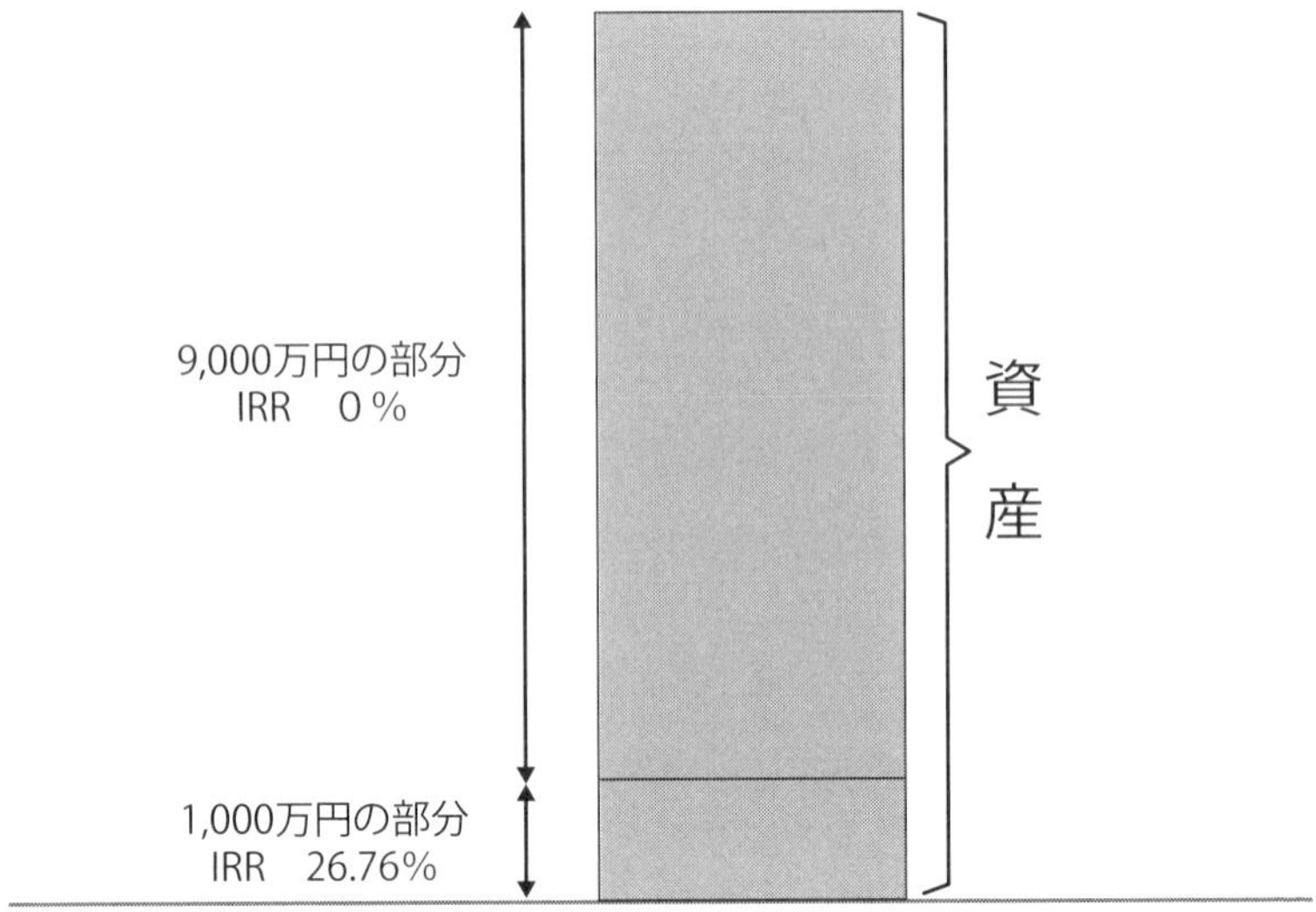

内部収益率（IRR）が低いはずの借入なしのほうが、純資産が多いです。

次に、ROAと税引前のROEを確認してみましょう。

借入なしのROA、ROEは同じで、1年目は5・66％です。借入ありのROAは1年目が3・12％と借入なしのROAより低水準です。

内部収益率（IRR）は借入ありのほうが高いのになぜ10年後の純資産もROAも借入なしのほうが高いのでしょうか。これは借入ありの内部収益率（IRR）はあくまで初期投資額の1000万円に対しての効率だからです。1000万円は26・76％の効率で運用できているけど、9000万円は0％ということです（図６‐６）。

一つの不動産投資で考えるとレバレッジはかかっているけれども資産全体で見ると、借入をしないほうが資産が殖えるという状況です。ということは自己資金をいくら入れたほうが良いのかという問題に対する答えは、該当不動産の内部収益率（ＩＲＲ）を聞いただけでは分からないということです。１億円の現預金を不動産投資に使うことができる状況で、ＬＴＶ90％で借入を行った場合には、残りの９０００万円はどうするのかという方針がないと正解は出ません。もし、その不動産だけしか投資しないということが決まっているのであれば借入をしないことが一番効率が良く、他にも不動産投資などなにか運用を行うということであれば借入をしたほうがいいです。

不動産を軸に投資効率を考えると借入をして内部収益率（ＩＲＲ）を高めるということが最善の選択肢に思えますが、資産全体を俯瞰して見ることで見えてくる本質があります。**目の前にある選択肢をしっかりと数値化して、時価ベースの純資産を最大化するには、どうすれば一番効率が良いのかということを考える**と答えが出ます。このような観点からも一つの投資として考えるだけでなく、資産全体を分析する大切さが分かるでしょう。

4 リスク分散

ポートフォリオというとリスク分散という意味を思い浮かべる方も多いと思います。ここでは、リスク分散についてお話しします。第2章「1　投資の基本」でリスクは不確実性だと紹介しましたが、好景気になった場合、不景気になった場合など、プラスの要因とマイナスの要因のシナリオで得られるリターンの幅がリスクです(図2-2)。

一つのシナリオが起こった時にある投資はプラスに、同じシナリオでも別の投資ではマイナスになるような状況だと、マイナスにプラスが相殺されトータルでプラスになればリスクをヘッジできたという話になります。

例えば、円高になると輸入品が安く買える一方、輸出品の売上は下がります。株を購入する際に輸入をして国内に販売する会社の株と、国内で生産をして海外で輸出をする会社の株を購入すれば円安に振れても、円高に振れてもリスクを相殺することができます。他にも景気に売上が敏感な会社(シクリカル銘柄)と景気に鈍感な会社の株(ディフェンシブ銘柄)を購入したり、というようなシナリオに対して逆の動きや違う動きをする投資をすればリスクが分散できるというのがポートフォリオでのリスク分散の考えです。リスクを考える際には、下記のような式があります。

トータルリスク σp^2 ＝ 市場リスク $\beta^2 \sigma m^2$ ＋ 非市場リスク $\sigma \varepsilon p^2$

難しく感じるかもしれませんが、単純にリスクは市場が関係するリスクと市場には関係ないその投資個別のリスクを足したものだと思ってください。ポートフォリオでリスクを分散させるというのはこの市場リスクの話です。非市場リスクは投資個別のリスクなので分散させることはできません。この市場リスクが、ベータ（β）の2乗と市場ポートフォリオのリスクの2乗をかけてできているのですが、市場の動きσm^2にその投資がどういう反応をするか（β^2）というこのベータ（β）こそがリスク分散の鍵です。

先ほどの円安と円高の話のように一つのシナリオが起こった時にベータが逆方向に動くと完全にリスクが分散できます。しかし、不動産の場合、不動産の市場が悪くなった時に片方は価値が下がり、片方は価値が上がるというのはあまり考えられません。

私が知る限りでは不動産だけでリスクを完全に相殺するような物件を持つというのは不可能です。そのためできることというと一つのシナリオが起こった時、価値が大きく下がるような事態が同時に起きるのを避けるようにするということです。例えば、所有するエリアを分散させるとか、間取りのタイプを変えるとか、国内だけでなく海外不動産も購入するとかの方法が考えられます。

また、不動産だけで考えるのではなく、株などの値動きの大きいものや値動きの小さい債権などを併せて持つなど、一つの投資で運用するのではなく、複数の物件や種類に投資していくことです。複数の種類の投資を行うと、他の投資をやったから見える不動産投資の良さや不動産投資をやっているから見える他の投資の良さも分かってきます。投資を分散させるために複数の物件や種類を検討する時には、一つのシナリオに対して、ポートフォリオに既にある投資と、現在検討している投資がどのように動くのかを考え、別の方向に動くものや、方向は同じでも動く幅が違う投資を組み合わせていくことで、リスクの分散をさせていきます。

あとがき

最後までお読みいただきありがとうございます。

本書を読み進めるにあたって、難しく感じる箇所もあったかもしれません。初めて見た公式などがあると、読み進めるのも大変だったかと思います。一方、既に不動産投資を行っていて「ここまでの知識は必要ない」と思われた方もいるかもしれません。

ですが、これからテクノロジーによって情報はどんどんオープンになり、計算できるものは計算されたデータが簡単に入手できる時代になります。「難しいから自分にはいらない」と思ったとしても、ライバルは資産や効率を数値化して、合理的に何が最適解か考えながら不動産投資を行っているとしたら……。

そんな時代で求められるのは、数字を読み解く力と、得られたデータに対しての選択肢を合理的に取捨選択し行動する力です。「どんなにテクノロジーが発達しても、大事なのは気持ちだから大丈夫」と思う方は、それはそれで良いでしょう。私も気持ちの部分はとても大事にしているつもりです。ただ、大事にしているからこそ、そのベースにしっかりとした根拠のある数字が必要だと思っています。

初めて見る方は、キャッシュフローの総潜在収入（GPI）から税引後キャッシュフロー（ATCF）までを覚えたり、利益率の公式を頭に入れるのは大変かもしれません。ですが、サッカーでいえばオフサイドというルールを覚えずにプロの試合に出る人はいないのだから「不動産投資の世界でも損をしたくない、成功したい」と思うなら、このくらいの努力はしようという気概を持って取り組んでいただければと思います。

文字で見ると難しく感じることも多いですが、エクセルなどで実際に体と頭を使って、理解できることも多分にあります。

本書の内容を一人で全部実行するというのは不可能です。適材適所に専門家やそれを統括するコンサルタントなどのパートナーが必要です。本書の内容を参考に、あなたにとっての最善のパートナーを探してください。

本書を読んだ後に、式や意味を調べたい時には巻末で調べられるように配置をしましたのでご活用ください。また、本書をご購入いただいた皆さまに本書に出てきた図３－４レントロール、図３－５スタッキング、図３－６キャッシュフロー表、図６－２ポートフォリオ分析のエクセルシートをプレゼントさせていただきます。

著者プロフィール内のＱＲコードか、ＵＲＬ（https://form.os7.biz/f/8f0dba61/）にアクセスしていただき、お申し込みください。

最後に、日々の業務に追われ、筆の遅かった私をサポートしてくださいました合同フォレスト株式会社の山中洋二さん、山崎絵里子さん、下村理沙さん、いつも税のチェックをしてくれているランドマーク税理士法人さん、日々の業務をサポートしていただいている皆さま、ありがとうございました。

仕事をする環境を作ってくれた家族の支えで本書も執筆することができました。

ありがとう。

2019年8月

豊田　剛士

巻末資料篇

巻末1

損益計算書（P/L）

	売上	営業損益計算
−	売上原価	
	売上総利益	
−	販売費及び一般管理費	
	営業利益	
＋	営業外収益	経常損益計算
−	営業外費用	
	経常利益	
＋	特別利益	純損益計算
−	特別損失	
	税引前当期純利益	
−	法人税等	
	当期純利益	

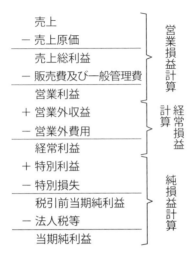

巻末2

項目	意味	不動産業の場合の例、計算式
売上	サービスや商品の対価として得る収入	家賃収入
売上原価	モノを仕入れて販売している場合には仕入、製品を造っている場合には製品を造るために必要な材料等	なし
売上総利益	原価を引いた、企業が稼ぎ出せる利益。粗利益、俗にアラリともいう	売上ー売上原価
販売費及び一般管理費	人件費、事務所の家賃、光熱費や事務用品などを合算したもの	不動産会社に支払う管理料、固定資産税、火災保険、原状回復に伴う修繕費、減価償却、水道光熱費、広告宣伝費等
営業利益	企業本来の営業活動から稼ぎ出した利益。稼ぎ出した収入から原価や経費を引いた企業の本業の利益	売上総利益ー販売費及び一般管理費
営業外収益	本業の利益ではなく財務活動等による収入。受取金利など	受取利息等
営業外費用	本業の支出ではなく財務活動等による支出。支払金利など	支払利息等
経常利益	本業と本業以外の財務活動等の収入と支出を考慮した利益。俗にケイツネともいう	営業利益＋営業外収益ー営業外費用
特別利益、特別損失	本業や財務活動等によらない、特別な利益と損失。例えば、不動産業が本業でない一般的な企業が相場の高い時に不動産を購入して、相場の安い時に売らざるを得ない状況になり売却する場合など、帳簿に載っている金額と比べて実際に売った金額に大きく損をした場合は特別損失にあたる	特別損失は、保有している不動産の価値が大きく下がった場合の処理で行う場合がある
税引前当期純利益	税引前の一期間の成果	経常利益＋特別利益ー特別損失
法人税等	個人でいう所得税	所得税
当期純利益	税引後の最終的な一期間の成果	税引前当期純利益ー法人税等

巻末3

キャッシュフロー

	総潜在収入(GPI)
±	賃料差異
−	空室損失
＋	雑収入
	実効総収入(EGI)
−	運営費(Opex)
	営業純利益(NOI)
＋	一時金の運用益
−	資本的支出(Capex)
	純収益(NCF)
−	年間負債支払額(ADS)
	税引前キャッシュフロー(BTCF)
−	税(Tax)
	税引後キャッシュフロー(ATCF)

キャッシュフロー

	総潜在収入(PRI)
−	空室損失
＋	雑収入
	実効総収入(EGI)
−	運営費(Opex)
	営業純利益(NOI)
＋	一時金の運用益
−	資本的支出(Capex)
	純収益(NCF)
−	年間負債支払額(ADS)
	税引前キャッシュフロー(BTCF)
−	税(Tax)
	税引後キャッシュフロー(ATCF)

巻末4

項目	意味	式
総潜在収入（GPI）	不動産が持っている潜在的な賃料収入。「今現在、市場でいくらで貸せるのか」という額。賃料差異を考慮する	
総潜在収入（PRI）	不動産が持っている潜在的な賃料収入。「今現在、市場でいくらで貸せるのか」という額。賃料差異を考慮しない	
賃料差異	総潜在収入（GPI）と実際に契約している賃料との差	総潜在収入（GPI）－契約賃料
空室損失	1年間でどれだけ空室によって家賃収入を得られないかという額	
雑収入	自動販売機や駐車場、太陽光発電、アンテナ設置など、家賃収入以外の収入	
実効総収入（EGI）	実際に入る家賃収入や雑収入の額	総潜在収入（GPI）±賃料差異＋雑収入－空室損失、もしくは総潜在収入（PRI）＋雑収入－空室損失
運営費（Opex）	管理会社に払う管理料、光熱費、固定資産税、点検費用、清掃費用、原状回復のための修繕費など運営するにあたって日常的にかかる費用。大規模修繕は含まない	
営業純利益（NOI）	不動産から生まれる収益	実効総収入（EGI）－運営費（Opex）
一時金の運用益	敷金、保証金を預け入れた口座の受取利息等	
資本的支出（Capex）	大規模修繕やリノベーションの費用等	
純収益（NCF）	借入金返済前の収益	営業純利益（NOI）＋一時金の運用益－資本的支出（Capex）
年間負債支払額（ADS）	融資の年間支払額	
税引前キャッシュフロー	税引前の一期間の成果	純収益（NCF）－年間負債支払額（ADS）
税金（Tax）	所得税など	
税引後キャッシュフロー	税引後の最終的な一期間の成果	税引前キャッシュフロー（BTCF）－税（Tax）

巻末５

項目	式	意味
表面利回り	表面利回り＝総潜在収入（ＧＰＩ）÷物件価格	表面利回りは、物件価格に対する収入の規模を簡便に見るもの
還元利回り（キャップレート：Cap Rate）	キャップレート＝営業純利益（ＮＯＩ）÷物件価格	全額自己資金の時の物件が持つ稼ぐ力
総収益率（FCR：Free and Clear Return）	ＦＣＲ＝営業純利益（ＮＯＩ）÷（物件価格＋購入諸費用）	還元利回り（キャップレート：Cap Rate）の分母に諸費用を加算したもの
自己資金配当率（CCR：Cash On Cash Return）	ＣＣＲ＝税引前キャッシュフロー（ＢＴＣＦ）÷自己資金	借入をした場合の自己資金に対する利益率
ローン定数（K%）	ローン定数（Ｋ％）＝年間負債支払額（ADS）÷借入額	金融機関側の利回り
LTV（Loan to Value）	LTV（Loan to Value）＝借入額÷不動産の価額	不動産の価額に対する借入額の割合

巻末 6

■耐用年数

構造別耐用年数（住宅用）

木造	22年
鉄骨造（S造）（骨格材の厚さ3mm以下）	19年
鉄骨造（S造）（骨格材の厚さ4mm以下）	27年
鉄骨造（S造）（骨格材の厚さ4mm超）	34年
鉄骨鉄筋コンクリート造、鉄筋コンクリート造（SRC造、RC造）	47年

《耐用年数が既に経過した建物》

新築時の耐用年数 × 0.2 ＝ 取得した建物の耐用年数（小数点以下切り捨て）

《耐用年数が途中まで経過している建物》

（新築時の耐用年数 － 経過年数）＋ 経過年数 × 0.2
＝ 取得した建物の耐用年数（小数点以下切り捨て）

■減価償却費計算方法

- 定額法

  取得額 × 定額法の償却率 ＝ 定額法の償却限度額

- 定率法

  （取得額 － 既償却額）× 定率法の償却率 ＝ 定率法の償却限度額

巻末 7

建物本体

部位	内容	周期
傾斜屋根（カラーベスト）	塗装	11 年～ 15 年目
陸屋根・ルーフバルコニー	塗装	11 年～ 15 年目
	防水処理	21 年～ 25 年目
外壁（モルタル・サイディング・パネル）	塗装	11 年～ 15 年目
外壁（タイル・コンクリート打放し）	塗装	11 年～ 15 年目
雨樋	塗装	11 年～ 15 年目
ベランダ	塗装	5 年～ 10 年目
	防水処理	11 年～ 15 年目
階段・廊下	塗装	5 年～ 10 年目
	防水処理	11 年～ 15 年目
土台	防蟻処理	11 年～ 15 年目

室内設備

部位	内容	周期
給湯・風呂釜	修理	5 年～ 10 年目
	一斉交換	11 年～ 15 年目
エアコン	修理	5 年～ 10 年目
	一斉交換	11 年～ 15 年目
浴室設備	修理	5 年～ 10 年目
	部分交換	11 年～ 15 年目
厨房設備	修理	5 年～ 10 年目
	部分交換	11 年～ 15 年目
洗面化粧台	修理	5 年～ 10 年目
	部分交換	21 年～ 25 年目
トイレ	修理	5 年～ 10 年目

配管

部位	内容	周期
排水管・桝	高圧洗浄	5 年～ 10 年目

●著者プロフィール

豊田 剛士（とよた・つよし）

ベストプラン株式会社　代表取締役

一般社団法 CCIM JAPAN（米国認定不動産投資顧問協会 日本支部）2019 年度会長

一般社団法人 IREM JAPAN（全米不動産管理協会 日本支部）理事

一般社団法人 神奈川県相続相談協会　代表理事

一般社団法人 全国相続コンサルティングネットワーク　代表理事

不動産のコンサルティングを強みにファイナンシャルプランニング、保険の設計など、資産全体のコンサルティングを個人や法人向けに実施。顧客が資産形成を行うための最善の方法を選択できるよう、徹底した分析やシミュレーションを行い、対策を立案。不動産売買では実行までを丁寧にサポートしている。

このほか資産形成のコンサルタントを養成するプロ向けの講座を主催。後進の育成にも尽力している。

著書に『「知らなかった」ではすまされない 地主・大家の相続対策の本質』（現代書林）、『大切な家族を相続から守りたいあなたがとるべき 相続税と遺産分割の相続対策』（ギャラクシーブックス）などがある。

エクセルシートのお申し込みはこちらから ➡

組　版　GALLAP
装　幀　ごぼうデザイン事務所

徹底分析！ 不動産投資・賃貸経営の成功戦略

2019年9月25日　第1刷発行

著　者　豊田　剛士
発行者　山中　洋二
発　行　合同フォレスト株式会社
郵便番号 101-0051
東京都千代田区神田神保町 1-44
電話 03（3291）5200　FAX 03（3294）3509
振替 00170-4-324578
発　売　合同出版株式会社
郵便番号 101-0051
東京都千代田区神田神保町 1-44
電話 03（3294）3506　FAX 03（3294）3509
印刷・製本　株式会社 シナノ

ISBN 978-4-7726-6143-0　NDC 336　188×130